さらば日大！

私をクビにした日本最大の学校組織の闇

和田秀樹

ブックマン社

ブックデザイン　秋吉あきら

はじめに――私が本書を出版する理由

私は2022年、日本大学の理事長となった作家の林真理子氏から同大学の常務理事にならないかと誘いを受け、同年7月に同職を引き受けました。その時、林さんは、私にこんなふうに言ってくれました。

「和田さんみたいな〝異星人〟に日大の理事会に入ってもらいたい。和田さんがどんどん意見を言えば、固定観念に囚われて新しい意見の出ない理事会が活発化するはず。だから、忌憚《きたん》なくいろいろ言ってほしい」と。

そして2024年1月、林理事長から辞任を迫られ、常務理事を離職しました。林さんが私に辞任を迫った理由を尋ねると、「和田が常務理事にいていろいろな意見を言うことで学部長たちが怒っている。それを理事長たちから、うるさく言われて困っている」ということでした。

理事会でいろいろ意見を述べてほしい、と誘われたはずなのに、和田がいろいろ言うから学部長たちにうるさく言われて困っている、と辞職を迫られた。それも、たった1年半で——。当然、納得がいきませんでした。

私は、かれこれ二十年以上の親交がある林真理子氏のことを心から親友だと思っていました。

中高年になってから新たに築けた友人関係というのは、それだけで大変貴重なものです。それが異性であれば、尚の事。林さんは私にとって、得難い友人であると同時に恩人でした。一緒に東日本大震災のボランティアをしたこともあれば、受験関連のイベントで対談をさせていただいたことも何度もあります。本を執筆する際、いろいろアドバイスを受けるようなこともありました。

多くのベストセラーを世に出し続け、日本を代表する大御所小説家でありながら、プライベートで会えば大変気さくな方で、いつも弱者の立場でものを言うことのできる素晴らしい人だと尊敬していました。

私が、これまでなんの所縁もなかった日本大学の常務理事を引き受けたのは、他でもない、そんな林さんからの頼みだったからです。また、前理事長の脱税事件で窮地に追い込まれていた日本大学を立て直すために、卒業生として（林さんは日本大学芸術学部卒業）、そして初の女性理事長として、閉そく状態にある大学教育にメスを入れたいという林さんの想いに賛同し、私にできることがあるのなら心から力になりたいと思ったからです。

　しかし、その林さん本人から、たった1年半で辞めてほしいと言われてしまった。正直、忸怩《じくじ》たる思いでした。本業である医師としての仕事や執筆活動など、多くのものを犠牲にして日大のために時間を割いてきたつもりです。しかし、当の林さんが、和田が邪魔だと言うのなら、これ以上ここにいる意味はないのではないかと考え、日本大学を辞めたのです。友情があったから引き受け、友情のために辞めたわけです。

　その後私は、日本大学辞任の件でいくつかのメディアの取材を受けました。しかし、一度も林さんを悪者にしたことはなかった。むしろ、ずっと庇《かば》い続けてきました。だけど、そんな私の心が踏み躙《にじ》られるようなことが起こりました。

　２０２４年3月4日、月刊誌『ＷｉＬＬ』の担当編集者から、連絡をもらいました。日本大学の林真理子理事長から、彼女の友人でその雑誌の執筆者でもある人（この方の名前は編集者が忖度して出しませんでしたが）を介して抗議が届いているとのことでした。

私が日大の理事を辞任することになった経緯について書かれた、ジャーナリストの須田慎一郎氏の執筆した記事〈林真理子理事長、日大を頼みます〉（2024年4月号）に対する抗議のメールがあったというのです。編集者が私に転送してきたメールの内容は次のようなものでした。

和田秀樹さんのことを書くのならちゃんとした取材をしてください。
田中時代の学部長は、今は全体の3分の1くらい。
私は彼らに何かを言われたことはありません。

正直、何を言っているのだろうと呆然としました。本当にこれは、林さんが指示したことのなのだろうか――。膝から崩れ落ちる、とはこういう時の感情をいうのかもしれません。いい歳をした大人が言うような言葉ではないかもしれませんが、私はこ

『WiLL』2024年4月号掲載　須田慎一郎氏「林真理子理事長、日大を頼みます 和田秀樹前常務理事の辞任の背景に隠された日大の病理とは――」記事の概要

日大卒業生である須田慎一郎氏が、林真理子理事長のもとで進められていた「日大改革」が頓挫し、田中理事長時代に先祖返りをしているのではないかと危惧。その象徴的な出来事が、和田秀樹の常務理事辞任劇だと書いている。須田氏は、日大関係者を取材。和田も同取材を受け、事の発端が２０２２年10月、林理事長が澤田康広前副学長に辞任を迫ったとされる一件にあったと説明した。このとき、林氏と澤田氏のやりとりを録音した音声が一部のマスコミに渡り、騒ぎが大きくなっていった。

その渦中、和田は日本テレビの取材に答える形で、「理事会で澤田氏の解任を提言したのは林理事長ではなく自分（和田）だ」と明かした。さらに「そもそも澤田氏が私的な会話を録音してそれを（マスコミに）暴露したことの責任を理事たちに考えてほしい」と発言。これが日大内部で問題視され、「和田が理事会の内容を勝手にマスコミに漏洩した」と工学部の根本修克理事長から理事会で責任を問われる。そのあまりにも粘着質な物言いに堪忍袋の緒が切れた和田が、「もう辞めてやる」と思わず発言したことが辞任の引き金になったと、須田氏に明かした。須田氏は同記事でこの発言を紹介、〈林理事長は、改革派であるはずの和田前常務理事ではなく、抵抗勢力の守旧派の学部長たちを選択してしまったのである〉との見解を書いた。

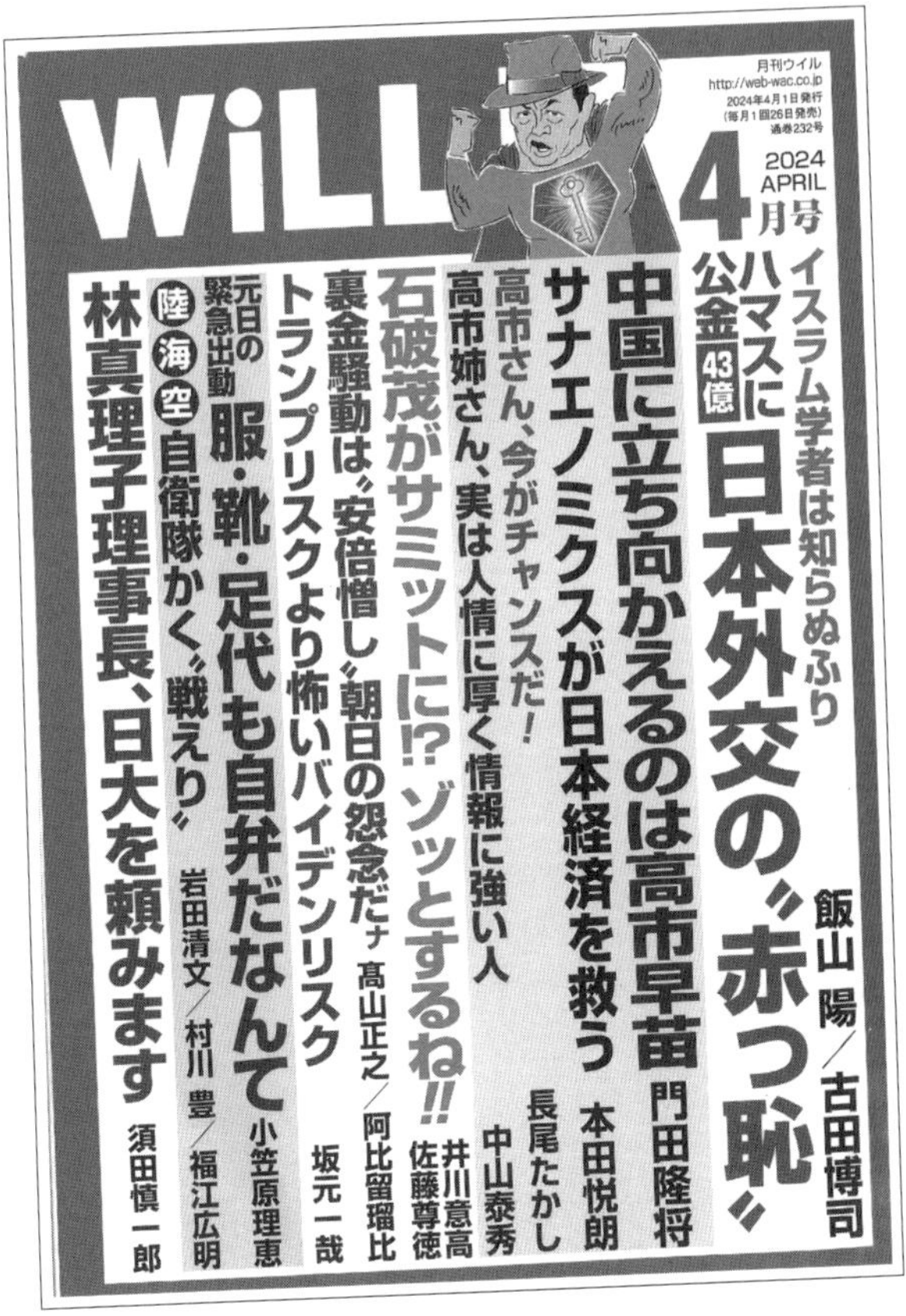
WiLL
月刊ウイル
http://web-wac.co.jp
2024年4月1日発行
(毎月1回26日発売)
通巻232号
2024 APRIL
4月号
イスラム学者は知らぬふり
ハマスに公金43億
日本外交の〝赤っ恥〟
飯山 陽／古田博司
中国に立ち向かえるのは高市早苗
門田隆将
サナエノミクスが日本経済を救う
本田悦朗
高市さん、今がチャンスだ！
長尾たかし
高市姉さん、実は人情に厚く情報に強い人
中山泰秀
石破茂がサミットに⁉ ゾッとするね‼
井川意高
佐藤尊徳
裏金騒動は〝安倍憎し〟朝日の怨念だナ
高山正之／阿比留瑠比
トランプリスクより怖いバイデンリスク
坂元一哉
元日の緊急出動
服・靴・足代も自弁だなんて
小笠原理恵
陸海空自衛隊かく〝戦えり〟
岩田清文／村川 豊／福江広明
林真理子理事長、日大を頼みます
須田慎一郎

のメッセージを読んで、人間を信じられなくなりました。

冷静になった今、一つひとつきちんと反論していきたいと思います。

1　まず、須田氏は、私に直接取材をしてこの記事を書いています。妄想で書いているわけではありません。須田氏は、日本大学経済学部出身。単なる興味本位ではなく、母校の行く末を嘆いている卒業生のひとりでもあります。須田氏は、私に熱心に取材をし、日大の未来を憂いていました。

2　次に、「田中時代の学部長は、今は全体の3分の1くらい」という指摘について。「田中時代」とは、第12代日本大学理事長で、JOC（日本オリンピック委員会）元副会長も務めた田中英壽《ひでとし》氏（2024年1月に死去）が理事長を務めていた時代のことを指しており、前出の須田氏の記事では、確かに「学部長は誰ひとり変わらず」「田中時代に学部長に就任した人たちがそのまま残った」と書かれて

います。林理事長は、この部分について「事実誤認である」と言いたいのでしょう。

しかし、林さんが理事長に就任した2022年7月に、学部長の人事が刷新されることはなく、その時点ではひとりも変わっていませんでした。その後、同年8月に任期満了を迎えた商学部の学部長が代わるなど徐々に入れ替わりが進み、現在は、確かに4〜5人くらいになっているのでしょう。

先の須田氏の記事の取材で私が言いたかったことは、学部長会議での「田中時代の学部長」の影響力の大きさであり、人数が減っても尚、場を支配しているとしたら、そのほうがむしろ問題であると思っています。

そもそも、なぜこんな論点をずらした抗議のメールをしてきたのか？　これについては、本書の中で詳しくお話しします。

そして、このメールの中でもっとも許せなかったのが、「私は彼らに何かを言われたことはありません」という一文です。林さんがここで言う「彼ら」とは、田中時代の学部長たちのことです。

　私が常務理事となり、志半ば、否、富士山に喩えればまだ三合目どころか何も始めていなかったけれど、学長が辞めることになった今年（２０２４年）の4月からはやっと自分の仕事ができると思っていたのに辞任を決めざるを得なかったのは、私が辞任するか否かについて、「学部長たちにうるさく言われて困っている」と林さんに言われたことが引き金となっています。

　正直、私は会議で浮いていました。それは私だけが唯一、日本大学という巨大組織にしがみつくことなく、言いたいことを言える立場であったから。保身に走る必要性がなかったから。事実、問題の本質を躊躇《ちゅうちょ》なく言える立場であった私は、日大という巨大組織にしがみついている一部の人たちから反感を買いました。

　でもそれは、先に述べたように「和田さんみたいな〝異星人〟に入ってもらいたい」ということで、林さん自身が望んだことであったはずです。けれど、そんな私を林さんが庇うことはありませんでした。否、正しく言えば、庇う力がなかったのです。

しかし、このメールの内容通り、もしも林さんが組織内の誰にも「和田をどうにかしろ」と言われていないのであれば、林さんは嘘の理由で私を辞めさせたことになるわけです。

こんなことを、仮にも日本を代表する「学校法人」を運営する公人が、知人を介して出版社にメールで送ってもよいという考えなのでしょうか。

このメールの存在を知った夜は眠れずに、悶々としました。冷静に考えれば、私の辞任の経緯は、不当解雇として裁判で闘うこともできる案件です。ただ一方で、二十年来の友人関係を台無しにするような嘘までついて、それでも私を辞めさせたかったのだとしたら、林さんの言う「改革」とは名ばかりのもので、本気で変えていく気などなかったのではないかとも思いました。

もうひとつ考えられるのは、「いろいろ言われた」のは事実だけれども、それを雑誌に書かれたことを知った学部長たちが、林さんに「おい、和田に何を言ったんだ？

俺たちが、何か言ったか⁉」ととぼけ、しかも脅すようなことを言ってきたのかもしれません。これは、私の想像の域を出ませんが、仮にそうであったとすれば、林さんが慌てて編集部宛てにメールを送ってきたことも納得できます。

日本大学の学部長会議は、旧時代的な男たちのヒエラルキーそのもの、私から見ればそれは、ほとんどヤクザ組織みたいなものでしたから。

つまり、こんなに多くの不祥事があったにもかかわらず、誰も本気でその問題に向き合ってはいない。

このままでは、日大の改革なんて到底無理なことと思います。今後も巨大組織にしがみつくことでしか生きられない学部長たちの私利私欲が勝り、学生たちのことは二の次となることでしょう。

そして何より残念だったのは、林さんが、私との友情をひとつも大切にすることなく、こうした旧時代的な男たちのヒエラルキー構造に、いともたやすく屈してしまったということです。私の知る天才小説家・林真理子は、こうした男社会に一石を投じる、闘う女性を応援する作品を数々残してきました。

数え挙げればキリがありませんが、たとえば明治時代に藩士の娘として生まれ、イギリスで女子教育の大切さを学び、帰国後、「日本が一流の大国と成らんためには大衆女子教育こそが必要だ」と日本の女子教育の礎を築いた下田歌子《しもだうたこ》をモデルにした小説『ミカドの淑女』。大正時代、筑紫《ちくし》の炭坑王の妻であった歌人・柳原白蓮《やなぎわらびゃくれん》が、その男尊女卑的な日々の生活に疑問を持ち、7歳も下のジャーナリスト・宮崎龍介《みやざきりゅうすけ》との許されざる恋を貫こうとする『白蓮れんれん』。誰もが知っている名作映画の原作『風と共に去りぬ』を、ヒロインであるスカーレット・オハラの一人称の視点でリメイクをし、自由奔放で逞《たくま》しく生きる女性像を追求した『私はスカーレット』……。今でこそ、文学界はフェミニズム小説が花盛りですが、その先駆者とも言えるのが、林さんの女性を主人公にした歴史小説であると、私は捉えています。

こうした執筆経験が、林さんを突き動かしたのでしょうし、初の女性理事長として名乗りを上げて、マチズモ（男性優位主義）がはびこる日本大学の中枢を改革するはずではなかったのでしょうか。
それが、なぜ……？

2023年の日大アメフト部の大麻使用をめぐる不祥事により、酒井建夫《さかいたけお》学長（当時）と澤田康弘《さわだやすひろ》副学長（当時）が辞めるのなら、林理事長も辞めるべきという話は、当然のことながら理事会でも上がっていました。

ですから、私のほうから「林先生は、このあとも（理事長を）続けて改革をする気はありますか」と尋ねたのです。すると、林さんは連日の会議で大変疲れた表情でありながらも目を光らせて、「意地でも改革したい」とおっしゃった。だから私としては、林さんが理事長を辞めなくて済むように、あえて矢面に立って旧田中派の学部長たちと闘ったつもりです。心から彼女を応援したかった。下田歌子の生き方も、柳原白蓮の生き方も、スカーレット・オハラの生き方も熟知している林さんならば、きっと新しい風を吹かせることができると信じて疑わなかった。

ところが、その林さんから「学部長たちが怒っているから辞めてほしい」と言われてしまったわけです。それでも、彼女の立場を慮って「辞めてあげた」。私としては、一貫して、彼女の味方となって庇い続けてきたつもりでした。にもかかわらず、こんな恥知らずなメールを、人を介してまで送ってきた――。これでもう、ほとほと愛想が尽きてしまいました。怒りを通り越し、私は今、哀しみの中にいます。

あの日のメールが、本書の出版の大きなきっかけとなっているのは確かです。しかし、誤解しないでいただきたいのは、ただの私怨で書いているわけではありません。今回の日大の一連の問題を、誰もきちんとまとめてはいない。ならば、内部にいた私がこの問題の本質をまとめることで、日本大学、ひいては現在の我が国の大学教育の膿を少しでも出していけるのでは、と考えたのです。

大学教育に携わるすべての人に読んでほしいと、心から願っています。

2024年初夏　和田秀樹

目次

本文写真・図版／共同通信社

＊本書の内容は、2024年6月現在の情報を基に編集されています。

第一章 腐敗

——日大アメフト部 悪質タックル事件と、田中元理事長脱税事件

本書は、私が日大で経験したこと、そして、そこから浮かび上がる日大の病巣について皆さんにお伝えするためのものです。日大を去った今でも、私は日大に変わってほしいと思っています。

その予備知識として、私が日大に奉職する前の病巣についてお知らせするのが本章の趣旨です。私が直接見聞きしたものではありませんが、日大で働くことになった際に予備知識として勉強したものです。

実は、日大のアメフト部の大麻事件が発覚したのと同じ頃、東京農業大学ボクシング部でも大麻事件があり、３人の学生が逮捕されています。日大で押収された大麻が０・０１９ｇだったのに対し、東京農大では約60ｇ、しかも密売もやっていた。学校内で大麻を栽培するなど東京農大のほうがよほど悪質性が高いと、私は思っていました。しかも記者会見も開かなかった。

なのに、なぜ日大だけが大きく取り上げられるのか。知り合いのマスコミの人に聞いたことがあります。その回答は「日大のアメフト部は、以前に悪質タックル事件を起こしていて、保護観察とか執行猶予に当たる時期にあった。そういう時にこんな事件を起こしている。だから、マスコミも強く非難するのだ」というものでした。

私自身、改革者として日大に入ったからには、以前、どんなことをしたのか、どういう病巣があるのか、どう改革しなければいけないのかをきちんと学ぶ姿勢が必要だった。それに対して、少し無自覚だったと反省しております。

世間がマークしているのだから、もっとアメフト部や旧体制時代の問題点を監視しておけばよかった。今さらこんなことを言っても仕方のないことですが。

それでも、本題に入る前に、そのあらましをお伝えする必要があると思い、この章を書きました。お付き合いいただければ幸いです。

不死鳥《フェニックス》が死んだ日

もう皆さんは、詳しく覚えていないかもしれません。

2023年8月、日本大学アメリカンフットボール部の違法薬物事件が発覚。最終的には部員の逮捕、そして廃部という事態にまで発展します。

まずは、どのような事件だったか、第三者委員会の調査報告書（2023年10月30日）をもとに概略をまとめておきましょう。

アメリカンフットボールは、第二次世界大戦へ向かっていく時代の中で日本の大学にもたらされたと言われています。立教、明治、早稲田の3校にアメフト部（東京学生連盟）ができたのが始まりで、その後に他の大学や社会人、高校生にも広がっていきました。我が国のアメフトの歴史とは、すなわち大学アメフトの歴史であるとも言えます。

そして「日大アメフト部」と言えば、チームカラーの赤と「フェニックス」の愛称で知られ、1959年から2003年に定年で引退するまで監督を務めた名将・篠竹《しのたけ》幹夫《みきお》氏（2006年死去）の指導のもと、輝かしい戦績を残してきたトップチームでした。無論、私は生前にお会いする機会もありませんでしたが、知り合いの息子さんが日本大学フェニックスに所属し、本人も篠竹監督と仲良くされていたという話をさんざん聞いていたので、尊敬し、また親近感も持っていました。篠竹さんご自身も日大アメフト部出身で、理学部の教授を歴任しながら監督を務め、日大アメフト部を17回も学生王者に導いた人物です。アメフトと言えば日大、と言われるほどになりました。

篠竹監督は「犠牲・協同・闘争」というチーム方針のもと、超スパルタ方式で指導することでも知られた人です。自分自身にも大変ストイックな生き方を強いており、お酒は一滴も飲まず、「学生ほど自分に尽くしてくれる人はいないから」と結婚もしなかったそうです。しかし、そんな篠竹監督が引退されると、徐々に日大アメフト部は低迷していきます。

そして2018年に起きたのが「悪質タックル問題」です。同年5月6日に開催された、日本大学フェニックスと関西学院大学ファイターズの定期戦。このカードは、大学アメフトにおいて「東西の横綱戦」と言われるほどの王者対決でした。

この誰もが注目する一戦において、日大フェニックスの宮川泰介選手（当時20歳）が、パスを終えたばかりの関学のクォーターバック（QB）目がけて、突然背後から激しくタックルをしたのです。これには、会場にいた誰もが唖然としました。というのも、パスを投げ終わったＱＢへのタックルは反則行為だったからです。しかも、明らかに「故意」のタックルでした。

結局、タックルされた関学の選手は全治3週間の大怪我を負いました。

なぜ、こんなことが……？

問題のタックルシーンは、映像でも記録されていたため、翌日から各テレビ局のニュースやワイドショーは「悪質タックル事件」として何度も何度も放送し、日大フェニックスの卑劣さを糾弾していきます。宮川選手は、とんでもない男だ、頭がおかしい、とネット上でも騒然となりました。

この悪質タックルのあった試合から２週間後の5月22日、事の真相が明らかとなります。渦中の宮川選手が、都内の日本記者クラブにおいて実名・顔出しで記者会見を開いたのです。スーツ姿に丸刈りという出で立ちで現れた宮川選手は緊張した面持ちで、「大きな被害と多大な迷惑をかけたことを深く反省しております」と深々と頭を下げたあと、何かに怯《おび》えるような様子を見せながらも衝撃の事実を告白したのです。

渦中の選手がふるえながら記者会見

宮川選手は、問題となった試合の数日前に、日大フェニックスの井上奨《つとむ》コーチ（当時）から「やる気が足りない」などと言われて練習から外された上に、試合に出たら「相手のクォーターバックを1プレー目で潰せ」という指図を受けたと言うのです。

井上コーチの指示を真に受けた宮川選手は、試合当日、内田正人《まさと》監督（当時）に「（井上コーチに言われたように）クォーターバックを潰しに行くので、僕を使ってください」と申し出ます。すると、内田監督からは「やらなきゃ意味ないよ」と言われます。さらに、井上コーチからも「『できませんでした』じゃ済まされない。わかってるな」と念押しされた上で試合に出させてもらうことになったと言います。

●宮川選手　2018年5月22日の記者会見より

試合の日までに至った経緯について、試合の3日前の5月3日から話させていただきます。

今年度の試合は本件までに、4月22日、4月29日の2回行われています。そのいずれについても、私はスターティングメンバーで出場しました。5月3日の実戦形式の練習でプレーが悪かったということでコーチから練習を外されました。これまで同じことはありませんでしたが、この頃は監督・コーチから「やる気が足りない」「闘志が足りない」という指摘を受けるようになっていたので、このプレーをきっかけに外されたのだと思います。

そのあと、全体のハドル（*プレー開始前に選手が、円陣を組んで行う作戦会議）の中で監督から「宮川なんかはやる気があるのかないのかわからないので、そういうヤツは試合に出さない。辞めていい」。井上コーチからは「お前が変わらないかぎり、練習にも試合にも出さない」と言われました。

5月4日、練習前に監督から「日本代表に行っちゃダメだよ」と、当時選抜されていた今年6月に中国で開催される第3回アメリカンフットボール大学世界選手権大会の日本代表を辞退するように言われました。監督に理由を確認することはとてもできず、「わかりました」と答えました。この日は、今年度初めて全体で行なわれたディフェンス練習の日でした。未経験の1年生がいたので、副キャプテンがタックルをして、私が受ける形のメニューをやって見せるために、私がダミーを持ちました。するとコーチから「なぜ最初にダミーを持つんだ」と言われて、グラウンド10周を走らされました。

その日の実践練習は、練習前に井上コーチに確認したところ、「宮川は出さない」と言われて外されました。

5月5日、この日も実践練習を外されていました。練習後、井上コーチから「監督にお前をどうしたら試合に出せるかを聞いたら、相手のクォーターバックを1プレー目で潰せば出してやると言われた。『クォーターバックを潰しに行くんで、僕を使ってください』と監督に言いにいけ」と言われました。

続けて井上コーチから、「相手のクォーターバックとは知り合いなのか」「関学との定期戦がなくなってもいいだろう」「相手のクォーターバックが怪我をして、秋の試合に出られなかったら、こっちの得だろう。これは本当にやらなくてはいけないぞ」と念を押され、髪型を坊主にしてこいと指示されました。

ポジションの先輩から、井上コーチが宮川に「アライメント（＊選手の配置図のこと）はどこでもいいから、1プレー目からクォーターバックを潰せと言っておけ」と言われた旨を告げられました。相手を潰すくらいの強い気持ちでやってこいという意味ではなく、本当にやらなくてはいけないのだと思い、追い詰められて悩みました。

5月6日、いろいろ悩みましたが、これからの大学でのフットボールで、ここでやらなければ後がないと思って試合会場に向かいました。試合のメンバー表に、私の名前はありませんでした。

その後の試合前のポジション練習時に、井上コーチに確認したところ、「今（監督のところへ）行って来い」と言われたので、私は監督に対して直接「相手のクォーターバックを潰しに行くので使ってください」と伝えました。監督からは「やらなきゃ意味ないよ」と言われました。戻った私は、井上コーチに監督と話をしたこと、監督から「やらなきゃ意味ないよ」と言われたことを伝え、さらに井上コーチに対して、「リード（＊状況に応じて行う守備）をしないでクォーターバックに突っ込みますよ」と確認しました。井上コーチからは「思いっきり行ってこい」と言われました。

このことは、同じポジションの人間は聞いていたと思います。

その後、試合前の整列の時に井上コーチが近づいてきて「『できませんでした』じゃ済まされないぞ。わかってるな」と念を押されました。

本件直後は何も考えられない状態でした。そのため、相手のクォーターバックが怪我をして代わったことにも気づいていませんでした。ふだんの試合でこんなことはあり得ません。本件で問題になっている1プレー目の反則行為のあと、2プレー目が終わり、コーチに呼ばれてサイドラインに戻った時に「井上コーチからキャリア（＊ボールを保持しているプレーヤー）に行け」と言われましたが、さんざんクォーターバックを潰せと指示されていたので、井上コーチの発言の意味が理解できず、再びパスをしてボールを持っていない状態の相手チームのクォーターバックにタックルをして倒し、2回目の反則を取られました。

3回目の反則は、相手に引っ張られて尻もちをついたあと、相手のオフェンスのほうに行こうとした際に、正面から向かってきた相手選手を突いた行為に対して取られました。この反則は、「相手が掴んできてもおとなしすぎる」などとコーチから指摘されていましたし、「やる気がない」として外されていたので、向かってきた相手選手にやられっぱなしにできないと思って、意識的に行った行為でした。

退場になり、テントに戻ったあと、事の重大さに気づき、泣いていたところを、井上コーチから見られていました。

試合後、スタメンと4年生が集められたハドルの時に、監督から「コイツの（反則）は自分がやらせた。コイツが成長してくれるんならそれでいい。相手のことを考える必要はない」という話がありました。

その後、着替えて全員が集まるハドルでも、監督から「周りに聞かれたら、俺がやらせたんだと言え」という話がありました。井上コーチから、私が退場になったあと、ＤＬ（＊ディフェンスライン）の上級生リーダーが、私に相手クォーターバックに怪我をさせる役割をさせたことをすまなく思って、自分にもやらせてほしいと申し出たという話を紹介して、その上級生は「自分にもやらせてくれと言ったぞ。お前にそれは言えるのか。お前のそういうところが足りないと言っているんだ」と言われ、退場後に泣いていたことについても「優しすぎるところがダメなんだ。相手に悪いと思ったんやろ」と責められました。

5月8日、井上コーチから午後5時ごろにグラウンドに呼び出されました。私がグラウンドのクラブハウスで待っていると先輩が来て、私の様子を心配してくれました。先輩に「もうアメフトはできない」と伝えると、先輩は「そうだよな」と応じてくれました。

その後、学生のスタッフが来て、監督が待っているコーチ部屋に行くように言われました。当初、コーチ部屋には監督ひとりでした。私と監督が話し始めると遅れて井上コーチと鈴木コーチが来て、監督との話を聞いていました。私が監督に対して、「もうフットボールはできない」と言うと、監督は「お前の罰はあの時、退場になって（お前の処罰は）終わっているんだからいい。世間は監督を叩きたいだけでお前じゃない。気にするな」と言われました。

その後、監督は練習に出ていったので、井上コーチと鈴木コーチの3人で話をしました。当然、ふたりのコーチからは事実関係の確認はなく、「お前が辞める必要はないだろう。向こうとの試合がなくなろうと別にいいだろう」という話をして、退部を申し出た私を引き留めようとしました。しかし、私としてはこんなプレーをしてアメフトを続けることは、とても考えられませんでした。

5月9日、森ヘッドコーチから三軒茶屋（＊世田谷区）のキャンパスに呼び出されて「辞めるべきじゃない。フットボールで返していくしかない。監督が厳しく言ったことを、そのままお前に伝えたコーチに責任がある」と言われました。

5月11日、前日の謝罪文公表を受けて、こちらから井上コーチに連絡をして、本部にある監督の部屋で、監督と井上コーチ、私と両親で面会しました。父から、個人的にでも「相手方選手と家族に謝りに行きたい」と申し入れたところ、監督からは「今はやめてほしい」と言われました。

父から、監督・コーチから選手に対して対戦校のクォーターバックに怪我を負わせろと指示を出し、選手はそれに従っただけである旨の公表を求め、そのメモを先方に渡しましたが、公表できないと断られました。面会のあと、井上コーチから父に連絡があり、理由の説明もなく「関学アメフト部の監督に謝りに行く」

と言われました。父がアポイントを取ってほしい旨を求め、アポイントを取ろうとしたようですが「先方から断られた」と連絡がありました。しかし、夜中に再度、井上コーチから父に連絡があり、「謝りに行く。息子さんを行かせてください」と言われて、関西学院大学に行くことになりました。

5月12日、謝罪のために私と井上コーチと関西学院大学を訪れましたが、再度先方から面会を断られたため、関学アメフト部の監督にお会いすることはできませんでした。

5月14日、井上コーチから父に連絡があり「三軒茶屋のキャンパスに来てほしい」と呼び出され、父とふたりで訪問しました。その日はその後、私と父が関東学生アメリカンフットボール連盟の技術委員会で聞き取り調査を受けました。

5月16日、私は日本大学本部の体育局にチームの幹部とともに呼ばれましたが、先方はどう出てくるかわからない不安が強く、体調もよくなかったため、私は行きませんでした。

5月18日に、私と父で関学アメフト部クォーターバックの選手および、ご両親を訪問し、直接謝罪の意を伝えました。

最後に、本件はたとえ監督やコーチに指示されたとしても、私自身が「やらない」という判断ができずに、指示に従って反則行為をしてしまったことが原因であり、その結果、相手選手に卑劣《ひれつ》な行為で怪我を負わせてしまったことについて、退場になったあとから今まで思い悩み、反省してきました。そして、真実を明らかにすることが償いの第一歩だとして、決意して、この陳述書を書きました。

相手選手、そのご家族、関西学院大学アメリカンフットボール部はもちろん、私の行為によって大きなご迷惑をおかけした関係者の皆さまにあらためて深くお詫び申し上げます。本当に申し訳ございませんでした。

内田監督と井上コーチの自滅ボロボロ記者会見

この宮川選手の勇気ある告白会見により、当然、世間の見方は一転します。そして、なんとこの会見の翌日、5月23日の午後8時、今度は内田監督と井上コーチが緊急記者会見を開いたのです。

内田：本日はお集まりいただきまして、誠にありがとうございます。一連の今回の問題につきまして、関西学院大学アメリカンフットボール部の怪我をされた選手の方、そしてそのお父さん、お母さん、ご家族の方に対しましては、誠に申し訳ございませんでした。

そして、関西学院大学アメリカンフットボール部の皆さま、関係者の皆さまに対しても、誠に申し訳ございませんでした。そして昨日、会見されました、あのような気持ちにさせてしまった宮川くんの気持ち、非常に私といたしましても申し訳なく、反省している次第でございます。宮川くんに対しましても、指導者といたしまして、誠に申し訳ございませんでした。

司会：井上コーチからも一言。

井上：このたびは関西学院大学アメリカンフットボール部、この件で負傷されたクォーターバックの選手、そして、その選手の父兄の方々、家族の方々、本当に申し訳ございませんでした。

また、関西学院大学アメリカンフットボール部関係者の皆さま、本当に申し訳ございませんでした。そして、昨日、あのような形で会見するに至ってしまいました宮川選手、家族の方々、本当に申し訳ございませんでした。この件は私の未熟な指導、未熟な人間性で起こったことだと思っております。

詳細につきましては質疑応答でお答えさせていただきます。

日本テレビ：今回の件なんですけれども、誰の指示で起きたことなのか、あらためて内田監督、教えてください。

内田：今、言われております、こういうタックルをしろという、そういうようなことを、信じていただけないと思うんですが、私からの指示ではございません。ですが、フィールドで起こったことですので、それはスタートからゴール、試合が終わるまでは私の責任だと思っております。申し訳ございません。

司会：よろしいですか。

日本テレビ：井上コーチからも、誰の指示だったかっていうことを……。

井上：はい。私、答えます。実際、監督から僕に「クォーターバックを怪我させてこい」というような指示はございませんでした。私は宮川選手に対して、「クォーターバックを潰してこい」と言ったのは真実です。

日本テレビ：昨日、会見で宮川選手が、「クォーターバックを潰しに行くので、僕を使ってください」と監督に言いに行け、（と言われた）と会見で答えています。宮川選手が嘘をついているということですか。

井上：いえ、違います。私が宮川選手に言ったことを、彼は昨日の会見で言っております。彼に対する思いというのはあるんですが、実際僕が、「クォーターバックを潰してこい」と言った経緯はありまして、2日前から彼は試合形式の練習に入れていなかったという経緯からもあるんですが、そこで試合に、そこから彼を試合に出すこと、彼が試合に出ることについて、そういう気持ちでいきますと、「クォーターバックを潰してきます」ということを監督に言って、覚悟を決めてほしいなということで、僕は彼に、「クォーターバックを潰してこい」と、試合で、それは言いました。

日本テレビ：内田監督は、井上コーチになんと指示したんですか。

内田：普段の練習で、とにかく失敗を恐れないようにというのは、すべてのコーチに言っていまして、まず失敗は誰でもするんだからと。だけれども、それを怖がっていると伸びないから失敗も許せと。その上で失敗の次にしっかりやってくれと、そういうような指示はしておりました。

そして我々は、今、反則というお話が出ましたのでご説明いたしますと、ルールを基本に、すべてルールを守るというのが原則として我々はやっております。その中でいろいろな指示はしますが、とにかくルールを守ってやるというのが基本で、我々は、選手もコーチも練習をしております。そして、練習中に強いタックルとかはどうしてもあるんですね、強いブロックとか、そういう時は、危ない時は、コーチが、非常にそれは注意しております。

ですから、とにかく我々は、ルールは原則として、ベースとして、守っていくと。その中で、育てるために、発憤させるために、コーチは選手に愛情を持って、親身になって、本当に自分のパートというか、そういう選手たちを育てているというのが毎日の練習でございます。

日本テレビ：だとすれば、どうして1プレー目のあとに宮川選手を退場させるなり、措置を取らなかったんですか。

内田：これは言い訳になってしまうんですが、僕はその時、ボールを見てしまいまして、そして、プレーの、宮川選手のところを残念ながら見ていないというのが正直なところです。そして、あっと気が付いた時には、もう、あれよあれよということで、次のプレー、次のプレーとなっていたのが正直なところです。それは僕の、本来は全体を見なくてはいけない役目なんですが、反省すべきところです。

日本テレビ：だとすれば、試合後に、どうしてすぐに本当のことを説明しなかったんですか。

内田：その時、正直言いまして、ビデオを見るまで、どの程度の反則なのかというのが、正直わからなくて。で、最後の小競り合いと言うんですか、ラフプレーの資格没収、その時はわかりました、小競り合いですので。そのほかの時は、正直、抜け落ちていたというのが正直なところです。

日本テレビ：監督は試合当日に、宮川選手がクォーターバックを潰すので試合に出させてくれと直接言いに行った時に、「やらなきゃ意味ないよ」というふうに声を掛けたと、きのう宮川選手は会見に答えていますけれども、それは本当ですか。

内田：確かに遠くから、僕は50ヤード付近、その付近にいたんですが、確かに（宮川選手は）来たのですが、彼が何を言っているかというのは、その時、正直わかりませんでした。それで、近くっていうか、3メートルか5メートルぐらいのところに来て、帰って行ったというのは記憶しております。ですが、その時の会話はございませんでした。

日本テレビ：やらなきゃ意味ないよ、は何を指してるんですか。

内田：私、その言葉、本当に申し訳ないんですが、言ってないと思います。

日本テレビ：井上コーチにお聞きしたいんですけれども、試合前のセレモニーの時に、「『できませんでした』じゃ済まないぞ、わかってるな」と念押しに言ったと宮川選手は会見で答えていますけれども、それは本当ですか。

井上：セレモニーの時に彼のところに行って、「試合が終わって何もできませんでしたじゃあかんぞ、やってこい」と言いました。ただそれは、僕は彼に、僕としては彼に思いっきりやってほしかったと。思いっきりすることが、試合で、最初から思いっきりスタートして、思いっきりタックルしてっていうことが、彼への僕からの課題だったので、いつもとやっぱり違うようなプレーをしてほしかったという意味です。

テレビ朝日：井上コーチに伺いますが、彼のプレーを指示しているという認識なのでしょうか、それとも、していないという認識なのでしょうか。

井上：すみません。怪我を、要はさせることを目的としては、正直、言っていません。ただ、「クォーターバックを潰してこい」と言ったのは確かです。

テレビ朝日：それは、「怪我をさせろ」とは言っていないということでしょうか。

井上：怪我をさせるような目的では言っておりません。思いっきり、それぐらいの気持ちでいってこいと、はい。その意味で言いました、僕は。

テレビ朝日：井上コーチは、あのように、腰にプレー後にタックルしている様子は見ていらっしゃる？

井上：はい。僕はディフェンスラインのコーチなので、見ておりました。

テレビ朝日：それを見て、どのように思われたんですか。

井上：ちょっとやっぱり、あの1プレー目で、正直、向こうにロールが行って、ああいう形っていうことを僕は想定していなかった、違う、ちょっと違うなと、僕の思いとは。それは思いました。ただ、そこで僕は彼をベンチに呼び戻すなり、交代させるなりしたらいいと、終わってから考えた中で思ったんですけど、正直その時は、彼のその試合で、僕が彼にやらせたかったことは、思いっきりやることなんです。

思いっきりやるというか、スタートして、最初からスタートして、がむしゃらにやってほしいなという気持ちだったので、彼を試合に継続して出すことを、出してあげたいなということしか、僕はその時、考えておりませんでした。

テレビ朝日：コーチはあの試合のプレーを見て、がむしゃらにやっているというふうに感じられたんですか。

井上：すみません。その時はちょっと判断ミスしたなと思っております。

テレビ朝日：その判断ミスはどうして起きたというふうに思われますか。

井上：もともと僕も、僕は彼に対して、やっぱり発破をかけていましたし、試合の2日前に、その日だけの話じゃなくて、やっぱりその前から彼にいろいろ、結果が出るようにと思って発破をかけていて、それに対して彼が試合に、そういう気持ちで試合に臨んだので、本当にその時は、冷静にしてあげよう、とかそういうことは考えてなかったです。

テレビ朝日：くり返しになりますが、あのような怪我をさせるようなプレーを指示していないと思っていらっしゃる、ということでいいんですね。

井上：はい、怪我を目的とした指示はしておりません。

テレビ朝日：では、どういった指示だったのかをもう一度教えていただけますか。

井上：はい。指示？

テレビ朝日：どういったプレーを、というふうに指示したのでしょうか。

井上：思いっきりいけ、ということです。

テレビ朝日：思いっきりいった結果、怪我をすることになってもいいぞ、というようなこと？

井上：……いえ。

テレビ朝日：……ではないんですよね？

井上：はい……。クォーターバックを壊しに行けと、潰しに行けということは、その中にいろんな意味があると思ってまして……要は、潰しに行くようなタックルをしろとか、要は、そのために何が必要か、思いっきりスタートすることとか、最初からそうやって自分の闘志を出してやることとか、正直、いろんな意味が込められていると、僕は思っていまして……潰しに行けということを彼に言いました。

テレビ朝日：試合前に、彼（宮川選手）に秋の公式戦に出られなくても……、という話もあったと思うんですけども、相手がですね。そういったことは言ったことは？

井上：すみません。試合前、試合前日か2日前か、正直、僕は彼に対して向こうのQBは友達か？　とか、そういう話を……要は彼にそういう……彼、優しい、すごく優しい子で、僕は彼のもうひとつ上のレベルというか、ちょっと技術的にも伸びるのが、成長がちょっと止まってるなと思っていまして、じゃあ、どういうところを変えたいかなというところで、中身の部分、要は闘争心とか向上心、要は、必死に、必死にやってほしかったんです、フットボールを。

彼って、勝てるんですよ、相手には。勝てると思ってるんです。ただ、やっぱり強い相手っていうのはどんどん出てきて、で、やっぱりそれと、彼は勝負していかないと。その時に、やっぱり自分からいってほしいなっていう、気持ちでいけど。その心を育てるために正直、2日前に練習をさせなかったり、そういうことをやっていました。

テレビ朝日：秋の公式戦、秋に、相手が出られなくなってもという話、その発言についてですか？

井上：正直、その発言とか、たとえばＱＢを、ＱＢは友達かとか、要は僕が過激な表現になってしまったと、本当に彼に対して、僕はそういう闘争心を植え付けたかったんですけど、本当に過激な表現になって彼を要は苦しめたというか、プレッシャーを掛けたというか、本当にそういう気持ちにさせて、そういうことは本当に申し訳ないと思っています。

テレビ朝日：最後に、井上コーチがもし選手だったら、コーチとかにそのように言われても、ルールに則って自分は思いっきりやろうというふうに、自分だったら思うと。そういうことなんでしょうか？

井上：そうです。僕は、僕が選手やって、要は、僕と、僕が同じ立場やったら。ちょっとそこは正直、うん、答えられない。彼にとってはプレッシャーやったんやなとすごく感じます。

テレビ朝日：それでも、なぜそのような指示をしてしまったのか、どうしてもわからないのですが。なぜ、そのようなことまでしてしまったのかっていうのは、やはり彼を奮い立たせるためということなのでしょうか。

井上：正直、僕はあの試合で彼がファイトするまで、で、ファイトで退場して、それで試合終わって、で、彼が泣いてたところも見ても、僕は、彼のために次にやっぱりつなげようとしか考えておりませんでして、その二日後に彼がちょっと辞めたいと漏らすまでは、正直、じゃあ次どうしよう、じゃあ次、彼にどういう言葉を言おうとか、そういうことしか考えていませんでした。

宮川選手の記者会見、そして内田監督と井上コーチの記者会見。今あらためて活字で読み比べてみて読者の諸兄は何を感じるでしょうか？

いい大人がふたりして、ただ自分の保身のためだけに開いた言い訳だらけの記者会見。無茶な指示をされた宮川選手が、心から反省しているのに対し、指示を出した監督とコーチがひとつも反省していないことが、行間から読み取れます。

また、書き足しておかねばならないのは、この記者会見で司会を務めた日本大学広報部の米倉久邦《よねくらひさくに》氏のことです。本書では割愛しましたが、米倉氏は、記者の質問に内田氏や井上氏が答えようとする前に、度々質問を遮《さえぎ》り、会見を終わらせることだけに腐心していました。その米倉氏の態度を見かねた記者のひとりが、「この会見、皆が見ていますよ」と抗議をすると、米倉氏は「見ていても見てなくてもいいんですけど、同じ質問をくり返されたら迷惑です」と答えて、記者たちを呆れさせました。

さらに別の記者が、「司会者のあなたの発言で、日大のブランドが落ちてしまうかもしれないですよ」と問えば、「落ちません！」と憮然とした態度で回答をしたのです。

この米倉氏の態度に、twitter（現X）は炎上して「日大の会見、司会者最低」などという意見が流れました。あの橋下徹氏も、「何よりもあの司会者が最悪だね。危機管理対応の記者会見なのに、あの司会は何なんだ？　ほんと日本大学の危機管理能力はまったくないな」と呟きました。私は、普段は橋下徹氏に共感する人間ではないですが、この意見だけは正しかったと思います。

この記者会見は、日大の危機管理能力がゼロであったことをアピールするだけに終わったのです。この米倉氏という人物は早稲田大学卒。共同通信社に入り、ワシントン特派員、経済部長、ニュースセンター長、論説委員長などを歴任したという経歴の持ち主。一体、共同通信はこの人物のどこを評価して出世コースを歩ませたのか、甚だ腑に落ちません。元ジャーナリストという肩書を今すぐ返上するべきでしょう。

さて、このふたりの呆れた記者会見の2日後、5月25日にようやく日本大学の大塚《おおつか》吉兵衛《きちべえ》学長（当時）が記者会見し、謝罪を行いましたが、もはや時すでに遅しといった感が否めませんでした。

そしてこの会見に、田中英壽《ひでとし》理事長（当時）が同席することはありませんでした。田中氏と日大の関係については後述します。

堕落の道のりは、あの人物が理事長になってから……

そして5月末には、関西学院大学の選手側が、日大の内田監督と井上コーチに対し、傷害容疑での告訴状を警察に提出します。と同時に宮川選手については寛大な処分を求める約数千人分の嘆願書を提出しています。

関東学生アメフト連盟は、独自調査を経て、事件発生から1カ月も経たないうちに内田監督と井上コーチから宮川選手に明確な指示があったと認定。ふたりを学生アメフトからの「永久追放」にあたる除名処分にしました。

これを受けて、日大が設けた第三者委員会も同様に事実認定をしました。同年7月に両氏を「懲戒解雇」としたのです。懲戒解雇というのは、企業秘密漏洩や業務上横領、犯罪行為などの時に適用される解雇処分の中でももっとも重い処分です。退職金はなく、予告なく解雇することができるものです。

しかし同年11月15日、内田前監督が日本大学を相手取り解雇無効などを求めた民事訴訟を起こします。訴訟内容は、日大が交付した解雇理由を記載した文書には、宮川選手に指示したとされる日時や場所、具体的な内容が書かれておらず、事実関係の特定が不十分であること。さらに第三者委員会の認定は事実誤認で、内田前監督が反則を指示した事実は存在しないこと。これにより、「懲戒解雇には合理的な理由がない」と主張しました。

1年後の2019年11月15日、東京地検は傷害容疑について内田前監督、井上前コーチ、宮川選手を不起訴処分にしました。これを受けて同年12月6日、東京地裁から和解勧告を受けた日大は、内田前監督の懲戒解雇を撤回し、退職扱いとすることで和解しました。同じく井上前コーチも、日大が懲戒解雇処分を撤回することで和解。2014年に日大学歯学部の学生課職員として復職しました。また、宮川選手は大学卒業後、社会人リーグに入っています。

しかし、いくら和解が成立し、内田氏と井上氏の名誉が回復されたとしても、日大アメフト部の信頼は地に落ちたままでした。いえ、日大の信頼そのものが地に落ちたと言っても過言ではないでしょう。

そう、日大がここまで堕落の道のりを辿ったのは、２００８年から２０２１年まで理事長に席を置き、権力をほしいままにした日大のドン・田中英壽氏の責任によるところが大きかった。それは誰の目から見ても明らかなことでもありました。

田中氏は、１９８３年に日大相撲部の監督に就任すると、数多くの関取を輩出。１９９９年に日大の理事となり、２００８年には理事長に就任。２０２１年までトップの座に君臨し、ＪＯＣ（日本オリンピック委員会）副会長も務めています。

日本大学板橋病院背任事件

２０２１年11月、東京地検特捜部は、田中英壽理事長（当時）を、日本大学板橋病院をめぐる背任事件で起訴された医療法人前理事長らから受け取ったリベートなど計約1億２０００万円を税務申告せず、約５３００万円を脱税した所得税法違反の疑いで逮捕しました。その翌月、12月に田中理事長は日大を辞任。

特捜部は税務申告などを担ったとされる田中氏の妻も共謀の可能性があるとみて捜査しましたが、妻は夫の指示にただ従う立場だったことなどから刑事責任の追及を見送りました。

これより以前に、日大に計約4億２０００万円の損害を与えたとされる背任事件では、田中氏の側近であった日大の井ノ口忠男理事（当時）と大阪市の医療法人「錦秀《きんしゅう》会《かい》」の籔本雅巳《やぶもとまさみ》理事長（当時）らが起訴されていました。

この錦秀会という医療法人は、それまでも度々不祥事を起こしています。２０２０年3月に虐待事件（看護師と看護助手ら計６人が認知症や精神疾患で入院していた7

人の患者に暴行やわいせつ行為をしていた事件）を起こした神戸の神出《かんで》病院も、錦秀会の経営です。

井ノ口被告が日大で最初に役員を務めていたのは、日大事業部といって、大学への物品調達や取引先との契約交渉を一手に引き受けていた会社組織です。板橋病院の建て替え工事をめぐっては、井ノ口被告の指示で、24億円で都内の設計事務所に設計と管理業務を発注していました。その後、この設計事務所から籔本被告の経営するペーパー会社に、実体なきコンサル料の名目で、2億2000万円を送金させています。そして藪本被告は、御礼として計7000万円を田中夫妻に渡したというのです。他にも籔本被告は田中氏に、誕生日や理事長再任の祝い金などの名目で謝礼を渡していたそうです。

この井ノ口被告も、日大アメフト部の出身。かつてのアメフト部の人脈を通じて、日大事業部に迎え入れられたとされています。井ノ口被告が事業部を私物化していたという話は複数の人から耳に入ってきます。その井ノ口氏の名刺には、〈理事長付相談役〉と記されていたそうです。これはもちろん、当時理事長であった田中氏自身が了解していたことでした。井ノ口被告は、田中氏の妻が阿佐ヶ谷（杉並区）で経営するちゃんこ料理店の近くに家を購入し、毎晩のように大勢を引き連れて店に通っていたといいます。そうまでして慕ってくる井ノ口被告は、田中夫妻にとっては可愛い存在だったに決まっています。

毎晩のようにちゃんこを食べたことが、〈理事長付相談役〉という肩書となって返ってきた。井ノ口被告は、この名刺をもって「田中理事長に一番近い人間である」ということを大学内外でアピールすることで、やりたい放題していたのでしょう。そして、井ノ口被告は２０１７年、日本大学の理事に就任。事業部だけではなく、大学の中枢部にまで浸食していったのです。

錦秀会・籔本前理事長から日大・田中理事長への現金提供の経緯

2020年2月　新・日大板橋病院の設計業者として都内の設計事務所を選定
審査の評価点を改ざんする

同年7月　日大から設計事務所に7・3億円の着手金

同年8月　設計事務所から籔本前理事長のペーパー会社に2・2億円の入金
籔本前理事長が田中氏に3千万円を現金で提供？

同年9月　田中氏、日大理事長に再任する
籔本前理事長がペーパー会社の株主として約1億円の配当金を受領
籔本前理事長が田中氏に再び3千万円を提供か

国民の血税が錦秀会と田中理事長に渡っていた！

もう一度、ここで整理をしましょう。日本大学は、学生数が9万6０００人、教職員が7０００人を超える超巨大な学校法人です。私立大学とはいえ、学校法人には、国や自治体からの補助金（私学助成）が入ります。

国や自治体の補助金が私立大学トップクラスの212億円あまりも毎年投入されており、授業料などと合わせた収入額は、年間2０００億円以上に上ります。一部とはいえ、その金が、井ノ口、藪本、そして田中夫妻の私腹を肥やすために使われていた……。つまり、学内だけの問題ではなく、国民の血税が使われていたということです。ところが、これに関しても一切説明をせず、田中理事長が逮捕されるまで、「無関係」と言い続けた日大のスタンスに、怒りを感じない人はいないでしょう。

この時の田中氏の逮捕は、藪本氏からもらった現金のうち、申告期限を過ぎた2０2０年以前の3年間で計1億円超を所得として税務申告していなかったことによるものでしたが、田中氏は、これ以前も税務調査で数千万円の申告漏れを指摘され、修正申告しています。

田中氏の逮捕前、東京地検特捜部が自宅を捜索したところ、1億数千万円の現金が保管されていたことがわかりました。ですが、この事実に対し、日大広報課は、藪本・井ノ口両被告から田中氏への現金提供は「ないと聞いている」と回答し、田中氏の自宅に保管されていた札束については、「田中氏の妻が経営する、ちゃんこ料理屋の利益や、理事長の役員報酬などの個人的な財産」と説明したのです。これに対して井ノ口被告は、金の流れは事実であると認めながらも、「日大に損害は与えていない」と違法性を否定しました。

しかし、田中氏が逮捕されると日大は態度を一変します。「理事長の逮捕は誠に遺憾。捜査に全面的に協力する」というコメントを発表したのです。

田中氏逮捕によって、13年続いた金欲まみれの独裁がようやく終わると胸を撫でおろした幹部も多くいたといいます。

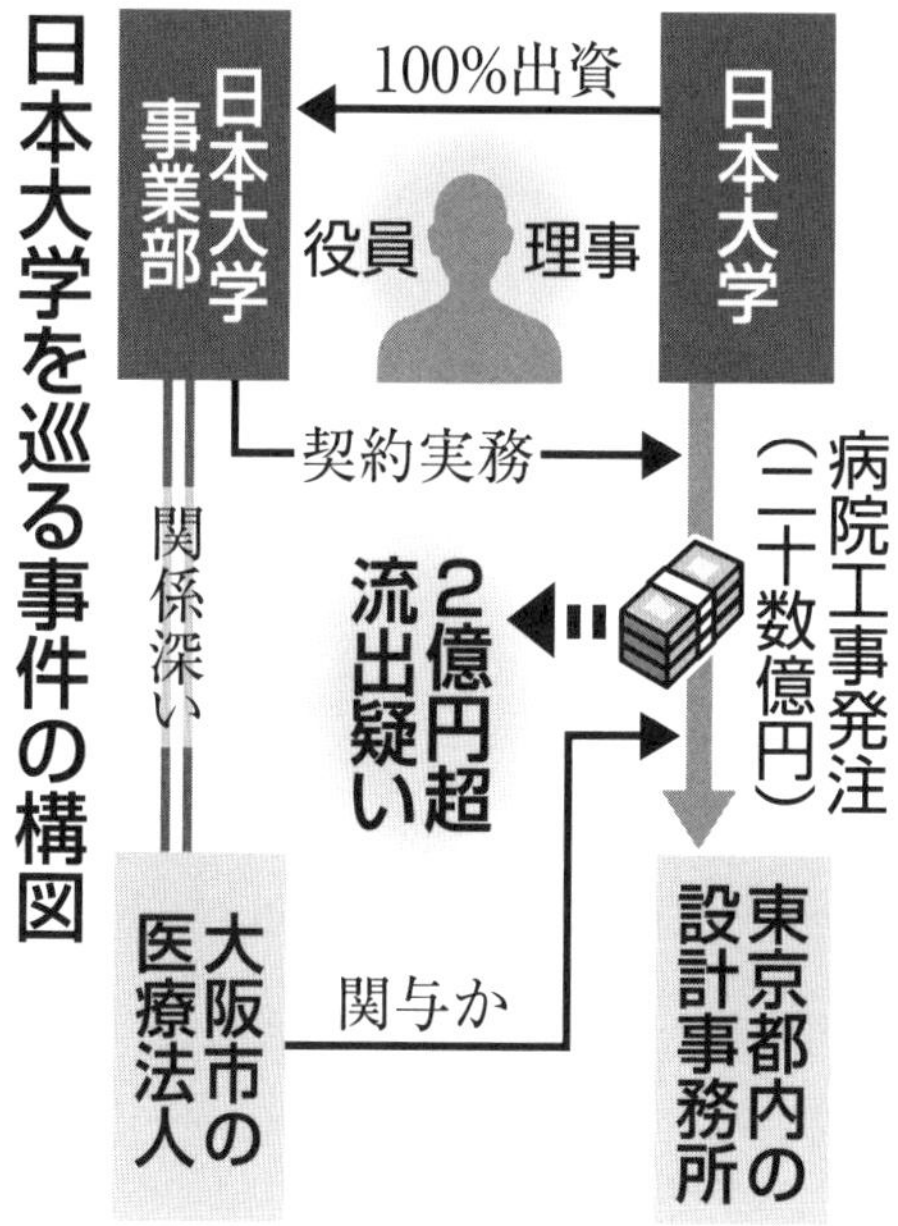
日本大学を巡る事件の構図
日本大学
100%出資
日本大学事業部
役員
理事
契約実務
関係深い
病院工事発注（二十数億円）
2億円超流出疑い
東京都内の設計事務所
大阪市の医療法人
関与か

田中理事長の幕引き

2022年3月29日、田中被告の判決公判において東京地裁（野原俊郎裁判長）は、「業者からの現金受領を隠蔽する目的で脱税に及んでおり、動機は身勝手で酌量すべき事情はない。国内最大規模の教育機関である学校法人の理事長という立場での犯行で、適正な申告納税制度への社会的信頼に与えた影響を軽視できない」として懲役1年、執行猶予3年、罰金1300万円（求刑懲役1年、罰金1600万円）の有罪判決を言い渡しました。

田中氏は判決後、「判決を厳粛《げんしゅく》に受け止めております」と弁護人を通じてコメントを発表し、控訴はしませんでした。裁判中、13年に及ぶ独裁政治で築いたであろう利権構造の詳細を語ることもありませんでした。利権構造を語らなかったということは、つまり、理事長としての説明責任は何ら取らないままに幕引きを図ったということに他なりません。

日大はこのあと、理事の選任方法を見直す「再生会議」からの答申書と、再発防止策を提言する第三者委員会からの調整報告書を提出しました。

「田中一派の一掃なしに、日大の再スタートは望めない」――そうした混沌とため息の中で白羽の矢が立ったのが、日本大学芸術学部卒業生であった、小説家の林真理子氏だったのです。

第二章　新風

——林真理子氏が新理事長に就任

新しい日大
NEW NIHON UNIVERSITY
N・N

私という「明るさ」が大学を変えていく

２０２２年6月3日夜、文科省で開かれた日本大学新理事長就任の記者会見は、今までのどんな有名大学の理事長就任よりも各メディアで大きく報じられることになりました。シックなスーツでカメラの前に現れた林さんは、コロナ禍でまだ強制させられていたマスクのために口元は見えないものの、その瞳には強い覚悟が見えました。

以下、林さんの記者会見の言葉を抜粋しましょう。

林新理事長：皆さまこんにちは。今日はお足元の悪いところ本当にありがとうございました。えーこの度、日本大学の理事長の候補として、決まりました、林真理子と申します。えー、皆さん、あの、まあ、私のことご存じでらっしゃると思いますけれども、私も、このような巨大な組織に携わるということで本当に緊張しておりますけれども、私を選んでくださったということは、日本大学は本っ当に大きな決断をしてくださった。こんな思い切ったすごいことをしてくださったんだったら、私もこれに応えなくてはいけない。本当に、「え！　こんなことまでするのか」と、ちょっとびっくりしてしまうっていうようなこともいろいろやりたいというふうに思っております。そのためにもですね、いろんな方とお話をして、とにかく日大を風通しの良いところにしたい。皆さんがどういうことを考えているのか、教職員の方々とお話ししたい。そして学生さんがどんな日大を望んでいるかということも、お聞きして、そして、反映させたい。もう、いろいろ楽しみにしていることもたくさんありますし、また、私にできるかと不安になることもありますけれども、でも、私は、まともな人間がまともなことをすれば、きっとこの大学は再生できるというふうに信じております。あのー、私は人の力とか人の善意とか、人が光のほうに向いていく、そういう力っていうものを信頼しておりますので、悪いことは、もうこれからは何も起こらないというふうに考えておりまして。私のそういう「明るさ」が、きっと、この大学を変えていくこと、自分で、自負して、自分で自負してるって変な言い方ですけども、とにかく、えー、信じております。

――日大の課題と解決策は？

林新理事長：えーっとですね、その、あれ、どうしたんだろ？（一瞬取り乱すも、立て直し）一番の課題、というのは、もちろん体質の旧《ふる》さとかですね、非常にマッチョな体質。上の人が何か言うと、下の人が黙って従うっていう、そういうもう、そういう組織になってしまってるってことは、いろんな方から聞いてますんで私はまずここを改革したいと思います。上の人が何か言っても「それは違うんじゃないか」とはっきり言える、そういう組織ですね。それを目指していきたいというふうに思っております。えー、そのためにも、まあ、あの、どうなるかわかりませんけれども、女性のいろんな登用を考えております。

――どういったところに女性を登用したいと考えていらっしゃいますか？

林真理子理事長：理事の数ですとか、あとですね、こう私を支えてくださる何人かの方を今、選んでいただいてますけれども、そういう、えー、なんていうんですか、チームの中に女性を何人か入れていただきたいなというふうに思っております。

――ありがとうございます。

林真理子理事長：よろしくお願いいたします。はい。どうぞ（記者を指し）……あ、私が言うんじゃない、すみません（思わず笑ってしまい）。私、すみません仕切っちゃって……はい、どうぞ。

――「私を支えてくれる方を何人か、登用する」ということですが、それはどういった分野の方を取り入れるか、協力していただくのか、ということと、日本大学は日本最大の大学でですね、非常に大きな組織です。

林先生は、作家としての、今まであの、個人の力をもとに活躍されていたかと思うのですが、この巨大組織であるですね、あの日大をですね、運営していく、このことについてですね、従来とは違う、そういうところについての自信、考えっていうのを伺えますか。

林新理事長：はい。あのー、日大には本当に素晴らしい、実務に長けた方がいらっしゃいますから、そういう方を頼るっていうことと、まず、実戦部隊っていうものはつくっていきたいなというふうに思っております。それはどういう方々かって、あの、まだ私もはっきりした考え方じゃないですけども、あのー、非常に学士的に優れた方、たとえば、えー、公認会計士の方ですとかですね、弁護士の方とか、お金の流れがわかる方、そして、えー、学校経営がわかっている方、そういう方何人かに集まっていただいて、そしてディスカッションしながら、こういろんなところに行きながら、今後の日大の課題に向かって解決していきたいっていうふうに思っております。あの、幸い、力を貸してくださる方いっぱいいますんで、私のこの報道がされましてから、まあ、あの非常に、専門的な、まあ著名人の方々から「なんでも協力するよ」ってありがたいメールをいっぱいいただきましたんで、こういう方々のお力もお借りして知恵もお借りしていきたいなというふうに思っております。

——作家との両立は？

林新理事長：はい、片手間ではできないので、もう、仕事はいくつか整理しなきゃいけないなというふうに思っております。あのー、出版社の方々から怒られそうですけども（顔をほころばせ）、いくつか連載は、ちょっとストップしなきゃいけないかなというふうに、思っております。まあそれは仕方、仕方ないですね。あの、やはり、今、これだけ皆さんの注目を浴びて、この私が、ちょっと週に何回か、適当に（大学に）行ったりしたら、ちょっとそれは、それは皆さんの信用を勝ち得ることはできませんので、もう、あの、できるかぎり、できるかぎり、もう日大に、捧げたいと思っておりますので、まあ、仕事の方は、ちょっと

（笑）、ちょっとまだ私も、あのまだ、まだ担当者の人たちと話し合いがついてないんでそれがまず第一、第一関門なんですけども、あの、皆さんもこういうことだってわかってくれるんじゃないかなと、思っております。

――率直に、正式に任命というのをされたところだと思うんですけども、さきほど緊張していらっしゃるというふうにもおっしゃってらっしゃいましたが、率直に、正式に任命されて今、どういうお気持ちでいらっしゃいますか？

林真理子理事長：そりゃ緊張、そりゃ緊張してますよ！　こんなに大変だと、わから……大変だと、ちょっと実感して、るのと、こんなに、あの、皆さんが、注目してくださるとは思わなかったもんですから、あのー、それは緊張しますけれども、ありがたいことだなと思ってですね、あのー、日大がこんなに、悪い意味じゃなくて、きっといい意味だと思いたいですけども、新しく変わろうしてるんだってこんなに皆さんが、あの、報道してくださるってことは本っ当にありがたいことだと思ってますので、それに応えなきゃいけないっていうふうに思ってます。緊張してますけど、とてもいい緊張ですね。あの、期待していただきたいと思います。

――現役の学生さん、OBさんも非常にショックを受ける事件が起こったと思いますが、一連の事件をどう見ていたか、それを踏まえて、大胆な改革をしていきたいとおっしゃってましたけれども、そこについての思いを聞かせてください。

林新理事長：はい。あの、皆さんが4年前の私の週刊文春のコラム*を非常に引用してくださって（笑）、私もこんなこと書いたっけと思ってですね、昨日、もう一回、読み返してみましたら、非常に憤りを持っていましたんで、多分、あのことだと、思います。そして私があの、一番、一番腹が立ったのが、あの時の記者会見がね、まったくなっていなかったということで。司会の方もひどいし、あの、頭下げる方もひどいし、どうして、私はあのずっとマスコミの世界にいましたので、どうしてマスコミの方たちを味方につけることができなかったのか、ということで本当に残念に思います。で、今日皆さんきっとあの好意的に集まってくださってると思うので、あの、その気持ちをずっと持っていただけますように、私も透明性の中で、できるかぎり皆さんのご質問に答えたり、今こういうことをやっているんだ、ということをご説明していきたいと思います。あのー、本当に……日大とマスコミの関係ってあんまり良くなかったようなんですけれども、あのこれからは皆さん是非、仲良く（思わず笑いがこぼれ）仲良くあたたかい目で見守っていただきたいと思います。どうぞよろしくお願いいたします（笑顔で頭を下げる）。

——理事長への打診はいつだったか。気持ちの変化は？

林新理事長：はい、えーっとですね、覚えてないんですけど、割と早い時期だったと思うんですが、その時は下馬評で、あのまさか私が理事長にとかっていうふうには、まあ理事、理事だ、私も理事に立候補してるってあの、書いたんですが、あれから4年間まったく何の連絡もありませんし、……（笑）……あの、日大の方から電話一本かかってきませんでした。やっぱり日大ってこういうところだなあっていうふうに思ってたんですが今年、えーっと、田中（英壽）理事長がお辞めになるころから、あの、もしかしたら「その気があるのか」というような打診がありましたけども。その時は、まだ、あの、本当に噂段階の、ちょっとこう、（大学側は）どこまで本気なのか、という感じでございましたけれども、まあ、あの、関係者の方と何度かお目にかかるようになってから、自分の気持ちも、あの、自分の気持ちも、固まっていったかなっていう感じです。

——驚くようなこともやっていきたいっていうことですけど、もし、何かアイディアレベルでも構わないんですが。

林新理事長：はい、そうですね。まあ、客員教授とか、客員教授とかそんなような方に思い切った方に来ていただきたいな、というふうに思っています。それから、あの、まあ実戦部隊がどういうことをしていくかっていうことでここは、まだ言えませんけれども、あの、チームで、ちょっとびっくりするようなことをしてみたいなあというふうに思ってます。

――なぜ、理事長を受けようと思ったのか？

林新理事長：あのー、最初に、「理事長に」と言われたとき、自惚《うぬぼ》れかもしれませんけど「なるほどな」というふうに、思いました。それはなぜかというとあの、芸能人の方を除いて、芸能人、スポーツ選手を除いて私が多分、えー、卒業生の中で、あの非常に、まあ、知名度があるということで、きっと白羽の矢が立ったんだろうなというふうに思って。まあ私ですと、あの、何のスキャンダルもないし、えー、何のしがらみもないので、なるほど、なるほどってちょっと不遜な言い方かもしれませんけども、なるほどなっていう、思いでした。すごく最初は。あの、でも本当にこんな思い切ったことができるのかなと半信半疑でしたけども、あの、まあ、関係者の方にお会いするようになって、まあ、「候補者になってほしい」っていうところから「本気らしい」という感じになってきました。

――母校愛では誰にも負けないとおっしゃってたので、そういうところが原動力なのかなと

林真理子理事長：そうですね、あの、私も、（出身が）日大だって言うと、皆さんがこう薄ら笑いを浮かべられるようになって非常に屈辱的な、あの気持ちになりまして、この何年か。私だと、言い返せますけど。まあ大人ですから。学生さんは、どんなに辛いだろうと思います。そしてある時、テレビで、あの学生さんのインタビューやりましたときに、日大が第一候補だったのに本当に辛いっていう女子学生さんがいてね、そうなんだ、第一志望できてくれた学生さん、いっぱいいいるんだっていうことに気づきまして、あのー、もう私の後輩につらい思いを

させたくない、というのは非常に大きな動機でございます。

——田中元理事長との決別は？

林新理事長：あのー、まあ、私もマスコミを通してしか存じ上げないんですけども、あの、どうしてこういうことをなさったのか、あの本当に、不思議でたまらないですね。あの、人間が使えるお金なんて限界がありますし……教育者として、おのずからそういうことを考えれば、できないことをなんでなさったのかっていう気持ちですかね。

——現役学生や、日大を目指す人に言葉をください。

林新理事長：そうですね。もう、来年からは、胸を張って「日大生だよ」と言って「え！　あの面白そうな大学じゃん」とか「今話題の大学じゃん」って、きっと（周囲が）言ってくださると私は信じております。「すごいじゃん、あの学校行ってんだ」。これが、私の理想でございます。どうも、皆さん今日はありがとうございました。お足元の。今後とも、あのー本当にできるかぎり皆さんのご質問等にお答えしていきたいと思っておりますので、えー、あの、皆さんがご要望ならまた、いくらでもいたします、4月1日に、あの、記者会見、もうちょっとまとまった時間でそこで具体的にいろんなこともお話しできると思いますので、ぜひ皆さんよろしくお願いいたします。

今日は本当にお足元の悪いところ本当にありがとうございました。今後ともよろしくお願いいたします。ありがとうございました。失礼いたします。ごめんください。

＊週刊文春２０１８年６月７日〈林真理子氏の連載コラム　夜更けのなわとび「日大変えたる」より一部抜粋〉

やはり理事会を解体しなくては根本的解決にならないはずだ。日大のような大きな組織だと、いろいろ利権があるらしい。だからみんな理事にしがみつくという。調べてみたら、理事や評議員に女性がのべ百六十四人中四人しかいない。こうなったら私が立候補します。なんのコネもツテもないけれど、私をぜひ。もちろん無給でやります。

（中略）

しかしこうなったら、イメージがとことん落ちた母校のために、ひと肌もふた肌も脱ごうではないか。あのガバナンス全くなしオヤジばかりのオレ様主義の学校を、オバさんの力で何とか変えてみたい。

とにかく林さんの力になりたかった

私は、この記者会見の少し前に、「日大の理事長を引き受けることになった」と林さんから直接打ち明けられていました。当時の日大は、2018年の悪質タックル問題からの再起をかけて新しいチーム作りをしている真っ只中にありました。しかし、そこに田中元理事長の逮捕につながる不祥事が重なり、補助金（私学助成）の全額不交付が決定されるなど、社会的信用は完全に失われ、経営面でも大きな打撃を受けていました。

そんなドン底にあった日大をなんとかして立て直そうと、自ら名乗りを挙げたのが、林さんでした。私は、彼女とは二十年来の友人関係にありましたから、「理事になって協力してほしい」と頼まれた時には、心から力になりたいと思い、引き受けることを決めたのです。

林理事長は、就任会見で、3つの改革案を掲げました。

①一連の不祥事に関する大規模な調査委員会の設置
②「N・N（新しい日本大学キャンペーン）」の推進
③〝オール日大〟体制の構築とサポートの要請

「N・N」の一環として始めた「理事長・学長セレクト講座」は、今や学生たちにも馴染みのイベントですが、私は、この第一回の講師も務めました。

以降、さまざまな業界で活躍する方々が講師として招かれていますが、ホリエモンこと堀江貴文氏と学生たちとのやり取りはとても印象に残っています。というのも、「お前らみたいなバカには答えたくない」などと無茶苦茶な暴言を吐いていた堀江氏に対して、学生たちが、それでも負けじと食らいついて質問をし続けていた姿を見ていたからです。

私は、その姿に「日大には、こんなにも熱意にあふれた学生がいるじゃないか」とすっかり感動してしまいました。そして、理事を引き受けたからには、この学生たちのために頑張りたいと思ったのです。

ただ、常務理事を引き受けると決めた時の私は、大手町のクリニック（ルネクリニック東京院）の院長・理事長であり、川崎にある病院の勤務医（川崎幸クリニック・老年科）でもありました。さらに、国際医療福祉大学では教員として講義も行なっていました。そこで、引き受ける条件として、これまでの仕事の調整がつくまでは週2日しか大学に行くことはできないが、新学期の始まる9月からは定例会議のある日（週3日）は必ず行くということで了承してもらいました。無理を言って申し訳ない、と林さんから言われたことを覚えています。

ですから私も、この記者会見の日は我が事のように嬉しかったのを覚えています。この前日、私は出演していたラジオ番組で、林さんにエールを送りました。

「いろんな官僚に打診したが断られたので林先生に決めたとの報道があるけれど、林先生に対してそれは失礼だ！　大学のことを何もわからない人に任せるのはいかがなものか、という意見が出ているようだが、私はものすごく期待している。林先生は、なんといっても人脈がある。ショボい人脈で、ショボいアドバイスしかできない官僚を理事長に選んでも真の改革はできない！　広い人脈を使って、各分野の専門家からアドバイスをもらえる耳の広さを持っている。中途半端な人物を選ぶよりも１００倍良い選択を日大はした」というようなことを語りました。

林真理子新理事長のもと、新たな理事が選出されました。最初の理事会の前に、私は林さんと打ち合わせて、「不正事案洗い出しのための特別調査委員会」を設置することを決め、高等検察庁の検事長経験者クラスの人に委員長をやってもらうことで内諾を取っていました。

これまでも別の第三者委員会がつくられ、報告書も出ていましたが、調査期間があまりに短く、また、聴き取りしか行っていなかったため、とても「十分な洗い出しがなされた」とは言えないものでした。

ですから、この「不正事案洗い出しのための特別調査委員会」をなんとしても理事会に承認してもらい、新生日大のスタートの象徴にしたいと思っていました。

そうした意気込みの中で集められた理事の顔ぶれが、次のメンバーです。

林理事長体制の新理事会メンバー	
理事長	林真理子★（作家）
学長	酒井健夫（医学博士 元日大総長）
副学長	澤田康弘（法学部教授） 武井正美（総合科学研究所教授）
理事長推薦	熊平美香★（21 世紀学び研究所代表理事） 和田秀樹（精神科医 国際医療福祉大教授）
教職員	沢野利章（生産工学部教授） 永沼淳子★（危機管理学部教授） 林宏行（薬学部教授） 三村淳一（法学部教授） 筒井仁（歯学部事務局長） 吉田誠（経済学部事務局長） 柳沢一恵★（日大豊山女子中学・高校校長）
卒業生	今泉祐子★（元ふるさと副社長） 上條由美★（昭和大副理事長）
学識経験者	浅井万富（公認会計士） 伊藤ゆみ子★（弁護士） 内田和人（エムエスティ保険サービス会長） 鬼頭宏（前静岡県立大学学長） 高戸毅（東大名誉教授） 平沢郁子★（弁護士） 渡辺美代子★（科学技術振興機構シニアフェロー）

※敬称略。★は女性。肩書など2022年7月当時の日大の発表をもとに作成。

この理事のメンバーについては、私と同じように林さんの理事長推薦で入った熊平《くまひら》美香《みか》さんを除いて、まったく知らない人ばかりでした。

理事の中には、「不正事案洗い出しのための特別調査委員会」の設置のためにお金を使うより学生サービスに使うべきという声もありました。何の根回しもしていないのですから当然の反応です。

そこで私は「日大のお金を学生サービスに使うためには、まず穴をふさがないといけない」というような意味のことを言い、必死に理解を求めました。そして、どうにか理事会に認めてもらうことができたのです。

この時、いくら改革をしたいと思っても、林さんがすべての理事を選べたわけではない以上、「道のりは遠いな」というのが正直な印象でした。

一方で、私自身もまだ前の大学を辞めておらず、病院勤務もありましたので、週に1、2回しか日大には出勤できていませんでした。

前の大学を辞めることについてはかなり礼を失する形になり、申し訳ない気持ちでいっぱいでした。同時に、もともとは、この大学から医学部の教授にしてやると言われ、心理学科の教授は辞めるという話を進めていたのに、その後、梨のつぶてになっていたので、なるべく早い時期に辞めたいと思い始めていたタイミングでもありました。先に向こうが不義理をしたので、こちらが不義理になっても仕方ないかと自分に言い聞かせていました。

結局、前の大学を辞め、いろいろと調整し、夏休み明け（9月）からは週3回の大学勤務を確保したのです。

ところが、その後すぐに林さんから、週3回では足りないと言われるようになりました。そこで院長・理事長を務めていたクリニックは辞めることにし、川崎の病院も隔週勤務にして、２０２４年の4月からは月に2日を除いて、ほぼ毎日、日大に勤務できるように調整済みだったのです。そしてこのことは、林さんにも報告していました。ですから、林さんから辞めるように言われた時には、本当に不本意でした。

確かに女性理事は増えたが……

またメディアでは、「女性理事が9人も入った」という話題が先行したように思います。それは、林さんの狙いでもあったはずです。新しい風を吹かせるのには、女性を登用することが最善の策。今、日本の組織の多くはそのように考えています。それは決して間違ったことではないでしょう。まだそれほどまでにこの国は男尊女卑である、と言っているようなものでもあります。そして女性を新たに採用したからといって、そう簡単に組織が変わらないのは、日本の国会を見ても明らかです。

そして、あらためて日大の組織を見直してみて痛感したのは、女性が増えたといっても理事だけで、本部の部長も、学部長も、各学部の事務局長もすべて男性であるという状態が、その後もずっと変わらなかったことです。

先の記者会見から3カ月後の毎日新聞のインタビューに、林さんはこんなふうに話していました。

「敵を作るのは1分、でも味方は2カ月かかる」。外から来た人間が会議で怒鳴れば、すぐ敵が生まれる。かつて「外務省は伏魔殿《ふくまでん》」と発言した元外相（田中真紀子氏のこと）を反面教師とし、「まずは身内を信じたい」と決意する。「みなさん後始末に苦労している。だから、私も自分の人間力が試されていると思って一生懸命やっています。このごろはこっち（日大本部）に来るのが楽しいし、組織が思っている方に向かってくれている」と手応えを語る。

〈毎日新聞〉2022年10月5日

しなやかさと強さをもった林さんらしい発言だと思いました。あるいは、朝日新聞の取材に対しては、次のようなことも語っておられます。

理事会に女性が入ったことで、すごく変化があったようです。発言が活発なので会議は非常に長い。この前は4時間、その前は3時間半。前は発言がなかったようで、皆さん、「全然違う」とおっしゃいます。

女性の視点はすべてにおいて重要です。女性職員がお茶を出したり、女性トイレに和式が多かったりするのですが、女性が上にいたらありえないと思います。ただ、女性管理職はまだ少ない。課長は3人増えて10人になりましたが、男性課長は189人で、部長級は120人全員が男性です。私のこと、皆さんがウェルカムってわけではないと思います。元理事長を慕う人がいても不思議ではありません。個人的にお世話になったから断つつもりはないという方には、「どうぞ」と。でも絶対に職場に持ち込まないで、と言っています。

この3カ月の自己採点は、75点。第三者委員会とは別に新しい調査委員会を立ち上げたこと、人事を断行したこと、今ある施設や建物の見直しもして、(不祥事の舞台となった日大板橋)病院の建築プロジェクトも委員会メンバーを全部代えたこと。不祥事で私学助成金が不交付になりましたが、長年、健全な経営状態を保って蓄えたものがあるので、急にどうこうはありません。任期中は学費も上げません。しかし今後にかけては重くのしかかってくる。任期中に長期計画は立てなきゃいけないと思っています。

本部の若い人たちと一緒に理事長室でランチをしています。最初はおっかなびっくりでしたけど、互いに気心も知れてきました。学生も理事長室に来てもらって話したり、視察に同行してもらったりしています。

外に向けて、作家的な発想で、今年の流行語大賞になるぐらい、何か「バーン」とやりたいところ。でも、実務の人たちは慎重です。自由業だったら「失敗しちゃった、ごめん」で済むけれど、大きな日大を背負っているから軽はずみにできないんですよね。やっぱり抑制的に。今年の流行語大賞は難しいかな。経営の本も読みましたが、結局、いい学生を育てなきゃダメ、ということに尽きます。まずできることとして、女子学生を増やしたいですね。設備も良くしたい。高校生の人気を高めたいと思っています。（中略）

日大のポテンシャルは高いですよ。お金も土地もある、学生のレベルも低くない、16の学部があり、学べないものはないくらい全部ある。このスケール感をもっとクオリティー（質）につなげたいですよね。私、興奮しているんです。

〈朝日新聞〉２０２２年10月27日

和田さんみたいな〈異星人〉に入ってもらってよかった

後述するように、いくつかの点で林さんと意見が違うこともありましたが、私も林さんと同じ新しい風の中にいて、日大のクオリティを上げるための意見を出し続けながら、2022年は無我夢中で終わりました。そして林さんは、私にこう言ってくれたのです。

「和田さんみたいな〈異星人〉に入ってもらってよかった。そして、職場に仲間がいるのはやっぱり安心だわ」

実際、常勤の常務理事を内部からひとり昇格させるために、もうひとりの林さんの推薦理事だった熊平さんに理事を辞めてもらい、本部顧問になってもらっていましたから、プライベートな意味での「仲間」というのは組織の中に私しかいなかった。ですから、この言葉は本音だったと信じています。

確かに、私の発言は、旧態依然としたマンモス大学の組織の中では、外国語を通り越して、〈異星人〉の言葉にしか聞こえなかったかもしれません。女性よりもマイノリティな立場の〈異星人〉扱い。しかし、宇宙語で提案をし続けることが私の役割なのだ……。そう、林理事長の労いの言葉を信じて疑うことのないまま、２０２３年を迎えました。

PHOENIX

第三章 亀裂

——日大アメフト部薬物事件

話を日大アメフト部に戻しましょう。というか、戻さなければいけないことが起きてしまいました。

第一章で書いた「悪質タックル事件」以降、日大フェニックスは、チームの管理体制や指導法にも批判の目が向けられました。その後、監督を公募するなどして選手の自主性を尊重する新たなチームづくりが進められ、2018年7月、新監督に元立命館大学コーチの橋爪功《はしづめいさお》氏が、新コーチにIBMビッグブルーのサポートスタッフだった泉田武志《いずみだたけし》氏が選出されました。

2019年、関東大学リーグ1部下位の「BIG8」で復帰すると、2020年には1部上位の「TOP8」に返り咲き、3年ぶりとなる「甲子園ボウル」への出場も果たします。十分な結果を出しながら、しかし大学側の意向で、3年の契約期間が満了した同年8月で橋詰監督、泉田コーチともに退任しています。

2022年、関西大、Xリーグのエレコム神戸などでコーチ経験がある日大OBの中村敏英《なかむらひでとし》氏が新監督となり、新設した総監督に吉江祐治《よしえゆうじ》氏、助監督には小林孝至《こばやしたかし》氏が就任します。そう、林真理子氏が新理事長に就任したのも、この年です。

そして2023年、「TOP8」でのリーグ戦が始まろうとしていた――その矢先、薬物事件が発覚したのです。

知らされなかった大麻疑惑

アメフト部には東京都中野区に専用の学生寮があり、当時、ここには121名の部員のうち約40名が住んでいました。

はじまりは2022年10月。アメフト部の保護者から警察に複数回情報が寄せられて、一部の部員の大麻使用疑惑が浮上します。警察はこの情報を大学に知らせていました。

これを受けて、中村監督が中心となって121名の部員全員への聞き取り調査を行なったとありますが、名前の挙がった部員たちが大麻の使用を否定したため、「大麻使用の事実は認められない」と結論づけています。この時、警察にはもちろんのこと、競技部を管理する競技スポーツ部にも、澤田副学長や酒井学長にも報告はされていませんでした。もちろん、林さんにも報告はなかったはずです。

しかし11月になって、ある部員から「大麻と思われるものを7月ごろに吸った」という自己申告がありました。アメフト部は警察に相談をしましたが、本人からの申告のみで証拠がないため、「事実かどうか確認できない」と言われたことから、日大上層部への報告はせずに、アメフト部の指導陣の判断で、該当部員への厳重注意処分だけで事を収めようとしたのです。警察や保護者に対する説明の際にも、自己申告があったことには触れず、「解決済」と説明をしています。

この件に関して、アメフト部員の保護者を名乗る人物からの告発文書は、各報道機関にも送られていました。12月末にはいくつかのメディアから日大に問い合わせがありました。その報道機関に対しても、「アメフト部内で聞き取りをした結果、大麻を吸った事実はありません」と回答していますが、これについては、澤田副学長の了解を得ていたとされています。

ただ、この時点では澤田副学長の主導で、警察の協力のもとに、警察官が来て学生たちに麻薬の危険性などについての講習会を開いたことはあったそうです。おそらくこれで幕引きができたと考えられていたのでしょう。この時もまだ、林さんにも（これは確認することはできませんが）、私にも一切報告はありませんでした。

ところが、それから半年が経過した2023年6月、「寮に大麻部屋がある」「数名が大麻を使用している」「指導者も知っている」といった内容の情報が再び警視庁に寄せられ、近く寮に強制捜査が入ることを告げられます。

慌てた指導陣は、警察の捜査が入る前に、抜き打ちで部員たちの持ち物検査を行います。そして、寮の部屋から「大麻である可能性が極めて高い植物片が保管された缶」を発見したのです。これが同年7月6日のことでした。

さすがに、これはすぐにも澤田副学長らに報告されました。しかし、澤田副学長は警察に届けることも、学生の処分も行なわないまま「大麻缶」を保管していたというのです。このことは酒井学長も知っていて黙認していたとされています。

私にはそれなりにマスコミ関係者に知り合いがいるので、実は、話の真偽について、ちょうどこのころに問い合わせを受けていました。私は驚いて、そのことを林さんに訊いたら、「そういう噂を勝手に広める人がいて困るのよ」といった返事でした。私は、この言葉には嘘はなかった（ただし、脇が甘すぎますが）と思うので、この時点では、林さんは噂としては耳にしていたものの、大学からは知らされていなかったのだと思います。

では、理事長の林さんはいつ知ったのか――。報告書によると、林さんは7月13日に初めて「アメフト部の部員の所持品から、大麻らしきものが発見され、大学が預かっている」ことを知ったとあります。缶が発見された1週間後ですね。ところが、この報告を受けた林さんも、理事会や監事への報告をしなかったというのだから、驚きです。

その数日後（18日）に大学は、アメフト部の保護者から「隠蔽をするつもりか」と書かれた手紙を受け取っているのですが、これでも、事の重大性が共有されることはありませんでした。

一方で、この日を境に、大学の広報にもマスコミ各社から問い合わせが入るようになり、事件は世間にも知られることとなるわけです。それに対して大学が出したプレスリリース（8月2日）には、「アメフト部の寮内において、違法な薬物が発見されたとの事実は、確認できておりません」とありましたし、林さんも囲み取材で、「違法な薬物が見つかったとか、そういうことは一切ない」「大学の寮から大麻を押収したこともない」と断言しています。

この翌日に開かれた臨時理事会（この日は木曜日で、私はまだルネクリニックに勤務しており、この理事会は欠席していたと思います。こういう大事な時にいないので、後々問題にされるのですが）では、外部理事や危機管理アドバイザーから、さまざまな助言があったと記録されていますが、酒井学長、澤田副学長、林理事長の3人ともが、それらをすべて無視して、「悪いことは何もしていない」「嘘もついていない」と強気一辺倒の態度だったといいます。

寝耳に水の部員逮捕

そして8月5日、とうとう日大アメフト部員のひとりが逮捕されます。同日、日大の公式サイトで以下のコメントが発表されました。

これについては、私たち大学の執行役員にとっても寝耳に水の発表で、マスコミのほうが逮捕情報を先に知っている有様でした。でも、この当時は、ここまで沈黙していた澤田副学長に対してというより、警察やマスコミのやり方に、私たち関係者は怒っていたというのが事実です。それでも、広報は、誠実にマスコミ対応をしていたと思います。

【部員1名の逮捕を受けて発表されたコメント】

本学アメリカンフットボール部員1名が、8月5日に覚醒剤取締法違反及び大麻取締法違反の疑いで警視庁に逮捕されました。本学はこの事態を厳粛に受け止め、深くお詫び申し上げます。

本学は引き続き、警察の捜査に全面的に協力し、大学をあげて原因究明と再発防止に向けて全力で取り組んでまいります。薬物使用の有害性・危険性・反社会性は明らかであり、厳正に対処する所存です。

なお、アメリカンフットボール部については本日より無期限活動停止処分といたします。

令和5年8月5日
日　本　大　学

実は、ここまでの一連の経緯に、私はほとんどかかわっていません。

あとで詳しくご説明しますが、私たちが林新体制のもとで理事となった時には、田中元理事長があまりに教学（教育に関わる運営）に口を出したことへの反省から、「経営（理事長と常務理事）は教学（学長と副学長が担当）に口を出すな」としつこく言われ続けていました。

アメフト部が起こした薬物事件は、あくまでも競技スポーツ部の1クラブの問題であり、逮捕されたのも学生ですから、経営サイドは担当外ということで、理事長である林さんは記者会見に出なくていい、と私は思っていたくらいです。しかし、林さんご自身は、記者会見に出ることも理事長が果たすべき責任と考えておられたようで、話は私の知らないところで進んでいました。

空白の12日間

そして8月8日、林理事長と酒井学長、澤田副学長の3名が記者会見に臨みました。林理事長は会見冒頭、「心から深くお詫び申し上げます」と長々と頭を下げ、「違法な薬物は見つかっていない」と先日発言したことについて、まず謝罪しました。

本日はお忙しいところ、お集まりいただきまして、誠にありがとうございます。学校法人、日本大学理事長、林でございます。この度、本学アメリカンフットボール学生寮が大麻取締法違反、及び覚せい剤取締法違反の容疑により、警察から家宅捜索を受け、同容疑により、学生がひとり、逮捕されました。このことは大変に遺憾であり、理事長として深く受け止めるとともに、本学の、学生、生徒、卒業生、保護者の方々、そして関係者の方々に多大なご迷惑とご心配をおかけしたこと、また、この問題に関しまして、私どもが正式に説明いただくことを設けました際に、時間が要しましたことも併せて心から深くお詫び申し上げます。

（7秒間頭を下げる）それでは着座にて、失礼させていただきます。

先般、メディアの取材に対し、「違法な薬物は見つかっていない」とした私の発言により、混乱を招いてしまいました。その発言をした時点では、学生寮で発見されたものが違法な薬物なのかどうか、警察によって確認を進めていただいていたところであり、本学としては、確認の結果について連絡を受けていないという意図の発言でございました。

8月2日に、私が皆様からの囲み取材を受ける直前まで、担当副学長、担当常務理事らと会議を行ない、同日16時18分付けで、現時点では、一部マスコミに報道されているように、「本学アメリカンフットボール部の寮内において、違法な薬物が発見されたとの事実は確認できておりません」というコメントを、文部科学省記者クラブにニュースリリースいたしました。リリースに記載した内容をお伝えしたつもりでございますが、確かに私の発言は言葉足らずで、唐突であったと本当に反省しております。

昨今、理事の中に旧体制の勢力が残っていて、私がお飾りの理事長であるという報道がなされているようでありますが、そのような評価を私はとても残念に感じております。私はこれまで日本大学の卒業生であることに誇りを持って生きてまいりました。しかしながら数年前、大切な存在である母校に対する社会の信頼が、不祥事によって地に落ちることとなりました。その時に経験した悔しさ、歯がゆさ、憤りは昨日のことのように思い出されます。

在校生や卒業生に、かつてのような誇りを取り戻してほしい。その一心で微力ながら、これまでの経験を生かしてお役に立てればと理事長に就任いたしました。そして人事を刷新し、志を同じくする、理事や教職員たちとともにこの1年、ガバナンスの確立に全力を尽くしてまいりました。どこまで達成できたかわかりませんが、皆でつくり上げてきたガバナンスに対し、「相変わらず欠如している」とか、「旧体制と変わらない」と評価されることは誠に辛く残念でなりません。もちろん、着手してまだ1年と少しですので、完全なものには至っていない部分もあったかと思います。今後、より一層ガバナンスを強化していくために報告、情報伝達体制を精査するなど、引き続き仲間たちとともに日々真摯に努めて参りたく考えております。

私が理事長の職をお引き受けしたときの志である在校生及び、卒業生の誇りを回復し、日本大学に対する社会からの信頼を取り戻す、そのための取り組みを最後までやりぬく覚悟に変わりはありません。改革の再出発として、まず今回の問題について真摯に取り組み、大学を挙げて原因究明と、再発防止に全力で尽くしてまいります。また、今後も警察の捜査を全面的に努力（＊協力の間違い？）してまいる所存です。

最後となりますが、今回の事案によりご心配をおかけしている多くの皆様に、改めてお詫びを申し上げます。

その後、酒井学長と澤田副学長が事件の経緯を説明します。部室から不審な缶を回収した澤田副学長は大麻であることを疑いながらも、警察に届けたのは12日後の7月18日であったこと。当然、この空白の12日間について、記者からは疑問の声が相次ぎ、澤田副学長は、「我々は教育機関。学生にきちっと反省させて、自首させたいと考えていた。7月6日に本人にヒアリングしたが、自首できる状況ではなかった」と説明しました。

捜査に支障が出ると思わなかったのか？　と再度記者から問われると、「そのようにはまったく考えなかった」と述べ、さらに林さんは「学生を自首させようという気持ちに納得した。隠蔽というふうには一切とっていない」と庇うように説明をしたのです。さらに、前年の大麻疑惑についても説明をしたあとで、林さんはこのように述べました。

「私はスポーツの組織がわからないし、はっきり言って遠慮があった。体制の欠陥の指摘を謙虚に受け止める」

この「遠慮」というのが、例の「経営は教学に口を出さない」という酒井学長の意向に対するものなのでしょうが、そのような真意があったことなど知る由がありません。

単純に、情報共有ができていない、危機管理体制がなってないなど、組織のガバナンスへの突っ込みどころはいろいろありますが、何より澤田副学長の指示のもと、薬物の存在を把握していながら「12日間」保管していたという事実はかなり問題だったと、私は思います。

澤田副学長と林理事長にできた溝

澤田氏は、2021年に所得税法違反の疑いで逮捕された田中元理事長の息のかかった人物とされていますが、林理事長体制のもとで副学長に就任しています。

日大法学部を卒業し、同大学院法学研究科を修了した元検事、いわゆる〝ヤメ検〟で、2018年3月に宇都宮地検の次席検事を退任するとすぐに、日大法学部法律学科の教授として迎え入れられています。長年検事を勤め上げた、いわば「法の専門家」が、大麻の隠蔽工作ととられても仕方のないような稚拙な対応をとっていたわけです。

その上、澤田氏の顧問弁護士という人がとにかく質《たち》が悪かった。当時、広報から正式な発表がなかったのをいいことに、その後、「澤田氏が辞めることはない」「林理事長に解任を要求された」と、自分たちに都合のよい、嘘の情報を流していたのです。

これに多くのマスコミが飛びつき報道したことで、「林理事長の解任要求で、辞める必要のない澤田氏が辞任に追い込まれている」ということがまるで既成事実となって拡散されていったのです。

私は、広報が、事実でない報道には抗議すべきだったと思いますし、少しでも新たに決まったことがあれば、一つひとつ広報から正式に発表するなどの対応をとるべきだったとも思っています。

広報の対応が遅く、マスコミへの対応が不誠実（といろいろな記者から言われました）だったことで必要以上に話がややこしくなっていったと言っても過言ではないでしょう。広報が正しく機能していなかったことは明らかです。


日本大学アメリカンフットボール部員の薬物事件への対応を巡り、林真理子理事長ら執行部が澤田康広副学長に辞任を求めていることが17日、関係者への取材で分かった。澤田氏は、一連の対応状況は林氏にも伝わっていたと主張し、第三者委員会の結論前の辞任に難色を示すなど、対立が深まっているという。アメフト部の薬物事件では、16日に部員2人目の逮捕者が出ている。

林氏は元理事長による脱税事件などの不祥事を受け、改革を掲げて昨年7月に就任したが、再び学内のガバナンス（統治）に混乱が生じているもようだ。

日大側は今年8月の記者会見で一連の経緯を説明したが、部員の部屋で植物細片などを発見しながら、警視庁への連絡は12日後だったことが批判された。澤田氏の代理人弁護士から時事通信に提供された林、澤田両氏の会話の録音データなどによると、林氏は、この12日間に植物細片などを保管していた澤田氏が大麻取締法違反で立件される恐れなどを理由に、9月4日に辞任を求めた。

会話で、林氏は「文部科学省に（澤田）先生の処分がどうなっているかと言われており、先生が警視庁から事情を聴かれるという情報も入っている」「（聴取の際は）副学長ではなく、元副学長としたい。姑息《こそく》な手段だが、他に日大を守る方法がない」などと述べた。

私学助成金不交付の回避にも言及。「私たち執行部は世間にごめんなさいして尻尾振っていくと結論出してる」「（澤田）先生は誇り高く自分は間違ってないと言っても、私たちは補助金も欲しいし、たたかれたくない」などと伝え、解任要求も辞さないと通告していた。

澤田氏は、対応内容は学長を通じて林氏に伝えており、独断ではないと主張。

代理人を通じて「辞任を求める理由に合理性がなく、手続きも経ずに第三者委の結論が出る前に辞任させようとしたことが納得できない」とコメントした。17日までに容疑者として聴取を受けた事実もないという。

林氏は「具体的な発言内容は記憶していない」と日大広報部を通じ書面で回答。「近く出される第三者委の意見を真摯に受け止め検討し、最終的な結論を出したい」としている。

〈時事ドットコムニュース〉2023年10月18日

さらに、澤田氏の代理人から時事通信には、9月4日に林氏と澤田氏のやりとりを録音した音声データも提供されました。

［林理事長の言葉］

澤田先生がご苦労されて一生懸命やっていただいてるのは、本当に重々承知している。非常に申し上げにくいが、先週あたりから、文科省から先生の処分はどうなってるかなど、お聞きした。

あるところから、先生が事情を警視庁から聴かれるんじゃないかという情報も入ってまして、私たちは急いでいまして。〈中略〉第三者委員会のあと、私たちにも厳しい何らかがあると思いますが、その前に、一応ちょっと澤田先生にお引きいただくのが一番よい方法だと思っている。今、補助金不交付の可能性が非常に高い。もし、先生が役員のまま、事情聴取を受けたとマスコミに出ると、恐らく不交付じゃないかというのが、みんなの見立てなんですけれども。

林さんがおっしゃる通り、確かにこの時点で、林理事長と常務理事4人は、澤田副学長に辞任を求めるということで一致していました。

顧問弁護士も逮捕の可能性に言及し、監事の方の中には、現職の副学長が逮捕されたら補助金の不交付は間違いないという意見もあり、澤田副学長に辞任を求める機運が高まっていました。

私の記憶では、酒井学長が、澤田副学長に辞任をお願いする話になっていたはずなのに、結果的に林さんがお願いすることになり、その時の様子が無断で録音され、挙句そのテープが流出したのです。

しかも、この時、澤田副学長は辞任を断っており、理事会でも話題になりましたが、そのテーブルでも結論は出ませんでした。

ところが、この理事会の内容を、広報がきちんと公表しなかったのをいいことに、おそらくは澤田氏の顧問弁護士の判断で、あえて録音テープを流出させ、「林理事長が理事会で澤田副学長の解任を要求した」と報道されるように持っていったのでしょう。事実、一斉にそのように報道されていましたから。これに対し、広報が否定することもありませんでした。

このタイミングで、私のところに日本テレビがいきなり取材に来たわけです（10月26日）。私としては、間違った情報を正すチャンスだと思い、「理事会で澤田副学長の解任要求をしたのは、理事長の林さんではなく、私です」と答えました。

旧田中派の理不尽な言い分

結局、酒井学長と澤田副学長のふたりには、2023年11月の理事会で、圧倒的な多数決をもって辞任が勧告されることになるわけですが、酒井学長は、この決定に対し、「自分を学長に選出したのは学部長たちなので、学部長会議で意見を聞いた上で辞めるか、辞めないかを決めたい」と反論しました。

彼らへの辞任勧告は、誰が見ても妥当なもので、学部長会議においても、この決定が覆されることはないと私は思っていました。

ところが、周到な根回しが行われていたのでしょうか、その後の学部長会議では、まさかの全会一致で「ふたりとも辞めなくてよい」と結論づけられたのです。私は唖然としました。そして、この1年で結局、組織の本質は何も変わっていなかったのだと思い知り、虚無感に襲われました。

それでも、このまま多数決に流されてはいけないと考え、私は次のように意見を述べました。

「澤田氏は（寮で発見した）薬物を隠し持っていた上に、林理事長との会話を録音してマスコミに渡したんですよ。そして、その直後に補助金（私学助成）の打ち切りが決定したのだから、責任を取って然るべきだ」

ところが今度は、工学部の根本修克《ねもとのぶかつ》学部長が、私が日本テレビの取材に答えたことを問題視してきたのです。彼らの理屈は、こうです。

澤田副学長がリークした音声データは、林理事長との私的な会話を録音したものだが、私がマスコミに漏らした内容は理事会で話されたものなので、そのほうが、よっぽど質が悪いと言うのです。

一体この人は何を言っているのだろう？　眩暈《めまい》を覚えるほどでした。私的な会話を無断録音し、無断でメディアに公開するのは許されるが、理事会の内容をメディアに話すことは許されない？　根本学部長のこの発言は、一般常識とはおよそかけ離れた考え方ですし、とんだ言いがかりだと思いました。そして、それよりも驚いたのは、根本学部長に向かって「それは言い過ぎだよ」と意見する人がひとりもいなかったことです。

学部長会議の中で、田中時代の学部長が占める割合は確かに少なくなっていますが、根本学部長の発言を正面から諫《いさ》めることのできる人はいなかったのです。唖然とするほど、会議室は静まり返っていました。

根本学部長は、田中時代に学部長になった人です。あとで説明する、もっと前に学部長になった渡邊武一郎《わたなべぶいちろう》国際関係学部長とともに、学部長会議でもっとも発言の多い人物です。この古株の根本氏や渡邊氏が発言するとほぼ誰も発言しなくなるのが、この学部長会議の〝お約束〟だったので、私は、いまだに学部長会議を旧田中派がしきっていると『ＷｉＬＬ』の須田慎一郎氏の取材で答えたのです。

私は、あまりの理不尽さと粘着的な攻撃に怒り心頭し、根本氏への抗議のつもりで「そんなに言うなら、辞めてやるよ！」とつい啖呵《たんか》を切りました。それでも、会議室は静まり返ったままでした――。これが、売り言葉に買い言葉となって、のちに私を辞任に追い込むのにうってつけの材料とされてしまうわけです。

そして、９月１日付で無期限活動停止となっていたアメフト部をめぐっては、11月

28日に学内で「協議スポーツ運営委員会」が開かれ、とうとう廃部の方針が決まりました。これを受ける形で、林真理子理事長は、益子俊志《ましことしゆき》スポーツ科学部長、今後の対応方針を検討する会議で議長を務めた久保利英明弁護士とともに、12月4日、約4カ月ぶりとなる記者会見を開きました。林理事長の謝罪から始まった記者会見ですが、久保利弁護士は、会見でこう述べています。

「第三者委員会が具体的に踏み込まなかった組織風土を検討したが、その原因は、〈すべてを内部でおさめる村社会の存在〉、〈情報伝達を阻害する秘密主義〉、〈学外者を排除する排外主義〉にある」

まったくもってこの通りです。この組織風土が、私を一切受け入れなかったのです。また、久保利弁護士は林理事長の責任についても言及しています。

「林理事長は大麻の疑惑について、澤田副学長らに具体的な指示をしなかったり、危機管理総括責任者である常務理事や理事会などに適宜報告しなかったりしたほか、メディアに対して危機管理広報の本質に反する発言をしたことなどが不適切な行為とされた。これらの行為は危機管理規程や役員規程に違反し、正確な広報を行うという職

務上の義務に反する行為だ」
　ある記者が、林理事長に「今まで辞任を考えたことは？」と問うと、林さんは神妙な面持ちでこう答えました。
「何度か考えたこともございますけれども、まだ改革が途中であるということ、いろいろな要因がございますけれども、それについては詳しくここでお話しするつもりはございません」

暦表

第四章 崩壊

——林理事長からの辞任要求

こうして混乱の極みの中で、日本大学の2023年は終わろうとしていました。新しい風が吹くと期待し、まっさらな気持ちでここに通い続けていた1年前が、遥《はる》か遠く昔のように思えた師走のことです。もう、女性初の理事長として林さんを持ち上げる女性記者の取材も見当たらなくなりました。

突然の辞任要求

ある時、林さんに呼ばれて、理事長室の扉を開けました。

1年前よりだいぶ疲れの見える林理事長は、意を決したように私の顔を見ると、おもむろにこう切り出したのです。

「和田さんには、辞めてもらうことになりました」

そういう事態を予測していなかった私がおかしいのでしょうか。驚いて、「一体、

何があったのですか」と訊くと、

「和田さんはこの前の会議の場で、根本学部長に辞めてやる、と言ったでしょう？辞めると言ったのに、いまだに和田さんが日大を辞めていないのはどうなのか、と学部長たちがうるさいのよ」

少し面倒くさそうな声で、林さんはそう言い放ちました。澤田さんの敵意から林さんを庇ったことなどまるで知らぬ存ぜぬで、私が勝手に辞めると言い出したのがただ悪いかのような言い方でした。何をどう返事をすればいいのか、わからないまま、混乱の中でこう答えました。

「……そうですか、それは、林先生としては仕事がやりにくいですね」

すると林理事長は、再び私の顔を見て、「そうなのよ」と悪びれることなく頷いたのです。そして、もう用は済んだのだから早くこの部屋から出て行ってほしい、とでも言いたげに、再び手元の書類に視線を落として仕事を続けるようなそぶりをされました。

私は、クビになったのだ――――ようやく理解ができました。

あまりに誠意のない態度でした。そして林さんは1年前とは完全に変質してしまっていたことを悟りました。学部長たちにいろいろ言われてすっかり萎縮してしまっているようにも見えたので、私としても、このままここに残ったところで意味がない、「もういいや」と、張りつめていたボールの空気が抜けるようにやる気が失われていくのを感じていました。

「わかりました、では辞表を書きます」とだけ伝え、理事長室を立ち去りました。重いドアの音だけが虚しく響き渡りました。

その夜は眠れませんでした。大好きなワインを飲みたいとも思えないほどに疲弊していました。あとからあとから、不愉快な気分がこみあげてきます。なぜこれほど理不尽な言い方をされなければならないのか？　いや、違う。林さんと私は、親友だ。二十年来の親友じゃないか――。そんな気持ちも同時に沸いて出てくるのです。

そう、大切な友人が私に立ち去ってほしい、と言っているのだ。ならば彼女の立場を慮って、潔く日大を辞めよう。悶々とした気持ちで年末年始を過ごし、仕事始めの1月9日には辞表を提出しました。私の辞表は1月12日の理事会で承認されました。

ちなみに、一般的な会社であれば、上司と喧嘩した社員が、思わず「辞めてやる！」と言ってしまったとしても、それを理由に辞めさせるような行為は、不当解雇に当たります。知り合いの弁護士との雑談の中でも、和田さんが理不尽だと思うのであれば、不当解雇で日大を訴えることができると言われました。だからと言って、私は法に訴えるようなことはしません。しかし、それくらい理不尽極まりない「解雇通告」であったことは記しておきたいと思います。

私としては、中途で仕事を投げ出したと思われるのは不本意ですし、私のキャリアにとってもマイナスとなることなので、何があったのかについてはいずれきちんと公表させてもらうと林さんには伝えました。せめてもの抵抗です。

その後、理事会でも事の経緯を説明した上で、「一部の人間が理事長を脅せば気に入らない人間の首を斬れるような異常な体質は終わりにしてほしい」と明言して、部屋を去りました。

理事の皆さんが、同情して私のところに寄ってきてくださった時には感激しました。日大にはしっかりした、まともな考えの理事はたくさん残っていることも付け加えさせていただきます。

尚、最終的には、理事会で即時辞任を求められていた澤田副学長は2023年の年内いっぱい、酒井学長は年度末での辞任を受け入れています。この時、林理事長もふたりと一緒に責任をとって辞めるべきではないか、との意見も出ましたが、減給50%（6カ月）の処分で決着しました。また、常務理事も30%の減俸処分となっています。ちなみに私はその上、辞めさせられたのですから、二重の処分を受けたことになります。

みに澤田副学長は、今でも日大の法学部教授を続けています。
今回の一件でクビになった第一号が私というわけです。

私が辞表を提出した2024年1月時点では、次の学長を決める選挙がすでに動き始めていたということもあり、林さんには「少なくとも1月末までは大学の先生方を刺激するような行動は慎んでほしい」と、直接釘を刺されていました。なので、学長選挙が終わるまで、学部長会議などで見てきたひどい体質については黙っていることにしました。

学部長たちの新参者を排除しようとするいやらしさは、私は身をもって知っていましたから、もし新学長が決まる前に、私が学内の人間に対して批判記事が出るような発言をしたら、選挙に悪影響を及ぼしかねない。そう考えてのことでした。ちなみに、懸念された学長選には5名が立候補し、理工学部教授であり、林理事長のもとで理事と副学長を兼任していた大貫進一郎《おおぬきしんいちろう》氏が選出されました。この結果については、真っ当な方が選ばれて本当によかったと思っています。彼については、今でも信用をしていますし、期待もしています。

そんなことをあなたに頼んだ覚えはない！

そして、今年（2024年）2月になるまで、私はメディアなどでこの件を話すことはありませんでした。自分のYouTubeチャンネルで、日大の理事を辞めることになったという報告はしましたが、その理由については一切語らず、黙っていたわけです。

ただし、「2月になったらその経緯を詳しく説明する、林先生との約束なので」という発言をしました。すると、林さんは「私は発言をやめてくれと言った覚えはない。そういう言い方はやめてほしい」と、別の場で会った時におっしゃった。その言い方があまりにも一方的だったので、「学長選が終わるまで、刺激するような行動を慎むように言われたから、自分のYouTubeチャンネルだけで話しているというのに、それすらも咎《とが》めるのですか」と思わず言い返してしまいました。するとも事もあろうに、

「そんなことをあなたに頼んだ覚えはない」とおっしゃるわけです。

もう、どうしてそんなふうに次から次へととぼけるのだろうと、呆れてしまうと同時に、やはり一旦手にした地位はそんなにも魅力的で、こうも人間を醜いものへと変えてしまうのかと、そんなことを思わずにはいられませんでした。

春の訪れとともに、林さんへの友情も少しずつ色褪せてきていました。というより、もしかしたら最初から私が一方的に友情を感じていただけで、林さんは私への友情なんてもともと感じていなかったのではないか、と乾いた心で思っているほどです。

何はともあれ、学長選が無事に終わり、ようやく話せる時がきたと思った私は、『W·i·L·L』やYouTubeメディア（Arc Times）などで、私が理事を辞めるに至った経緯や、日大の中で起こっていたことについて、できるだけ冷静に、事実に基づいて説明をさせてもらいました。

しかし、こうしたメディアへの露出の一つひとつが学部長たちの逆鱗《げきりん》に触れ、おそらく林さんはまたぞろ詰め寄られ、脅されるようなことを言われたのではないでしょうか。
そうでなければ、「はじめに」でも触れましたが、人を介してまであのような抗議のメール（2024年3月4日）をわざわざ『WiLL』の編集部宛てに送ってくるようなことはなかっただろうと思っています。ここに再掲します。

「和田秀樹さんのことを書くのならちゃんとした取材をしてください。田中時代の学部長は、今は全体の3分の1くらい。私は彼らに何かを言われたことはありません。」

くり返しになりますが、「田中時代の学部長は、今は全体の3分の1くらい」というのは、現時点（2024年3月）の人数で言えばおっしゃる通り、事実なのでしょう。というか4分の1未満になっていると思います。私がプロフィールを調べ直して、田中元理事長の辞任以前に就任している人は、学部長16人（通信教育部長も含めて17人）のうち、4人しか残っていないはずなのです。

ただし、これもくり返しの説明になりますが、林さんが理事長に就任した2022年7月に理事長、常務理事、監事、学長、副学長の人事は刷新されましたが、学部長の人事は刷新されず、その時点では「ひとりも変わっていなかった」。その後、徐々に入れ替わりが進み現在の数まで減ってきた、これが間違いのないところでしょう。

人数が4分の1まで減ったのなら、学部長会議での影響力も薄まっているはず――当然、そう思いますよね。ところが田中時代の学部長は、たとえひとりになっていたとしても、相変わらず「場」を支配しているのが実情です。実際、どの議事録を見ても、発言数が多いのはいつも決まった学部長たちです。日大という組織に根付く、長く務めている学部長のほうが偉いとか、序列が上といった暗黙のルールに誰もが縛られてしまっているからかもしれません。私のようなしがらみのない人間にとっては理解しがたいことですが。

ある知人女性が受けた面接

林さんが理事長になって、先述した通り、理事会のメンバーは女性理事が9人に増えました。メディアはこのことをこぞってもてはやしたので、外から見れば、一気に刷新されたように見えたかもしれません。しかし、前述のように学部長会議には女性はひとりもいませんでした。本部の部長も、事務局長もすべて男性で、女性はゼロのままでした。

これに対して、林理事長も何もしなかったわけではありません。総務部長と人事部長が旧田中派で、故・田中氏ともかなり親密な関係にあったという情報が入ったため、思いきってそこを変えたのです。結果として、今度は林先生のお気に入りが配置されることとなったわけですが、それでも、変わらないよりは変えてよかったと私は思っています。

総務部長に任命された大熊智之氏はとても優秀な人で、アメフト問題でも駆けずり回って処理していました。私の後任で常務理事に就任しています。

一方、人事部長となった飯塚和一郎氏について、林さんは全幅の信頼をおいていましたが、私の評価はまったく異なります。正直、信用に値しない人だと、今でも思っています。私がそう思うに至ったのには、理由があります。

実は、飯塚さんが人事部長に就任したあとで、私は改革を進めていくためにも経験者を採用してほしいとしつこくお願いしていました。最初はまったく取り合ってくれませんでしたが、最終的には納得し、私の話を聞いてくれました。

そこで、他の医学部のある学校で管理職経験のある知り合いの女性に声をかけ、一般の人たちと同じ条件で、日大の職員になるための採用試験を受けてもらいました。私の立場で推薦すると圧力をかけるようなものだと考えたから、あえて採用試験を受けてもらったのです。前の大学での実績を見るかぎり、大変優秀な人ですから、絶対に受かると思っていたのですが、見事に落とされてしまったのです。

林さんに不合格とした理由を訊くと、「ああ、あのひとね。だって志望動機をひと言もしゃべってくれなかったのよ」と言われました。

他の学校で管理職まで務めた人が、何もしゃべれないなどということがあるはずがないと思い、その人に直接真相を聞いてみたところ、面接で「こんな小さな大学での管理職経験が、日大で通用すると思っているのか」などと言われたというのです。その女性にとっては、以前の勤め先は好きな大学だっただけに、小さな大学と揶揄《やゆ》されて大変悔しかったと言います。その上、志望動機を聞く際にも、「で、ウチに何しに来たの？」と言われて、あまりの屈辱的な質問にひと言も返せなくなってしまったということでした。

本当に面接でこのようなやり取りがあったのだとしたら、日大の評判を下げることにつながるほどの大問題です。

この面接官が誰だったのか、私にはおよその予想はついていますが、ここではあえて特定しないこととします。それよりも、「日大は日本一大きな大学で、よその大学は少しくらい儲かっていてもしょせんは小さな大学だ」と見下すような意識が通底しているのではないかと思ったのです。

私は、「そのような意識でいる人たちが、改革などできるわけがない」と言わせてもらいました。すると、部長の飯塚さんをはじめ人事部の面々は、そんなことを言った覚えはないと否定したのです。しかし、面接を受けた女性が嘘をつく理由がありません。ですから、この一連の出来事を林さんに報告させてもらいました。しかし、林さんは、完全に飯塚さんの肩を持ったのです。理不尽でした。

そして、それから1週間も経たないうちに、「和田がゴリ押しで、お気に入りの女性を日大に入れようとしている」と、変な噂を立てられてしまったのです。もちろん、こうなってしまった以上、彼女も日大で働くことを望まないと思いましたので、林さんと飯塚さんには、「事実関係についてはきちんと調査を続けてください」とお願いし、それを向こうも約束してくれたことで、矛《ほこ》を収めました。

この一件で、本当に林さんには女性を積極的に活躍させたいという改革への思いがあるのかどうか、疑問に思えてしまいました。男性が女性を組織に紹介するだけであらぬ噂を立てること自体、旧時代的です。結局、その後は梨のつぶてでいまだに何の調査もしていないとしか思えません。なかったことにされているのだと思います。

国際関係学部に名誉教授が増えない理由

学部長会議のメンバーについては、田中時代の学部長を象徴する方がいます。国際関係学部の渡邊武一郎学部長です。私がこの学部の元教授から聞いた話では、彼は、もともと田中元理事長のお気に入りとされていた子分ともいえる人の指名で40代の若さで学部長になっており、それから10年という長きにわたって学部長を務めています。そして、田中元理事長の時代には理事も務めていました。

渡邊氏がどういう人物かは、この10年で国際関係学部の名誉教授がたった1人しか出ていない、という事実を見れば想像できるのではないでしょうか。「名誉教授が10年で1人」ということがいかに異様であるかは、他学部と比較してみれば一目瞭然です。文系では法学部10人、文理学部15人、経済学部6人、商学部9人で、理系の理工学部では34人もの名誉教授が輩出されているわけですから。

この件について話したいことがあると、私が理事を辞めたあとで、国際関係学部の元教授という方がわざわざ訪ねてきました。この方が在職中に田中元理事が失脚、林さんが理事長となってスタートした新しい体制に、「もしかして日大は変わるかもしれない」――そんなわずかな期待を胸に、渡邊学部長が好き嫌いで名誉教授を決めている疑いがあると請願書のようなものを出したそうです。しかし、林理事長も、酒井学長も一切取り合ってくれなかったといいます。見事なまでに期待は打ち砕かれ、結局、彼は退職後、何の肩書もない人間になってしまいました。

日本大学では、名誉教授になるためには、15年間の教授経験を積んでいることと、それ以外の役職（研究所長など）にも就いていることが必須要件とされているほかに、「日大への貢献度」という要件が含まれているそうです。これらの条件は、他大学と比べてもかなり高いハードルです。

それでも、最初の2つの必須要件をクリアしている人は、国際関係学部にはこれまでに少なくとも5、6人はいたはずだと、告発者である元教授は証言しています。ところが、実際には1人しか名誉教授になっていないわけです。

ここで、名誉教授になれない理由として利用されたのが、3つ目の要件「日大への貢献度」というわけです。要するに渡邊学部長は、名誉教授を決める会議の出席者を自分のお気に入り連中で固め、「日大への貢献度」を満たしていない理由についての同意を取った上で認めてこなかった、という話でした。

こうした独善的な人事がずっと続いてきたのでしょう。この元教授のほかにも裁判を起こしている方がいると聞いています。

一方で、国際関係学部は慢性的な人材不足にあるといいます。渡邊学部長は、キャンパスが静岡県三島という遠隔地にあるからだと会議などの席で訴え、人をまわすように本部にも強く訴えていますが、それは違うと思います。好き嫌いで人事を決めているような学部長のもとでは働きたくない――要はそういうことなのではないでしょうか。

渡邊学部長は、教授、准教授の公募をかけても、遠隔地のために集まらないとも言っています。

実はその公募に私の知り合いで、都内の一流放送局で外交問題を論じるキャスターの方が受けたことがあります。早慶レベルの大学を出て、その放送局に入り、旧帝大の博士課程でも勉強したエリートです（残念ながら、まだ博士号は取っていませんでしたが）。そういう人もエントリーしているのに、全然人が集まらないということはないと思います。やはり好き嫌いが激しいのでしょう。好みではなく、優秀な教授を集めるのが学部長の仕事だと思うのですが、残念でなりません。

残念な林理事長の陰口

また、これは最近になって聞いたことですが、「和田先生は大学に来ない人だから」と、林さん自らがあちこちで触れ回っていたらしいこともわかってきました。

これは先述した通り、理事長を引き受けた時点で、私は医師の仕事がありましたから、仕事の調整がつくまでは週2日しか大学に行くことはできないが、新学期の始まる9月からは定例会議のある日（週3日）は必ず行くということで了承してもらったことです。

理事を引き受けておきながら大学にいないとなれば、事情を知らない誰かにそんな陰口を言われてしまうこともあるかもしれない。だからこそ、あらかじめ林さんに了承をとったのですが、その林さんがおっしゃっていたと言うのだから、とても残念です。実際には、出るべき会議にはすべて出ていましたし、予定された勤務日にはきちんと行っていました。まれに、病院の外来と臨時会議が重なって出席できないこともありましたが、ほとんどなかったはずです。

しかも前述したように、院長兼理事長を務めていた病院は辞めさせてもらい、川崎の病院の外来も交渉の末、隔週にしてもらったので、月に2日ほど行けない日はあるものの、今年（2024年）の4月からは、ほぼ毎日大学に行くことのできるように調整していました。このことは、林さんにも伝えていました。

それだけに、辞めさせるつもりだったのならもっと前に言ってほしかったというのが正直なところです。「和田さんには、辞めてもらうことになりました」と唐突に言われてからたったの1カ月で実際に辞めることになったのです。これは常識では考えられないことだと思っています。

　また、会議のあとに、日本大学病院の天野康雄《あまのやすお》前院長や、板橋区医師会の齋藤英治《さいとうえいじ》会長と面会の約束を取り付け、今後のことについて話し合うこともありました。私としてはいろいろな人と会って直接話を伺って、改革をしたかったからです。

　ただ次第に、会議が終わるとさっさと帰るようになっていったのは事実です。ここで「なっていった」と言っているのは、当初は会議が終わったあとも、大学に残っていろいろとやろうとしていたのですが、大学の医学部改革について何か提言をしようとすると、その都度、学長から「教学には口を出すな」とうるさく言われてしまうので、すっかり居心地が悪くなり、シラけてしまったというのが本音です。

　とはいえ、学長が変わればもっと本格的に改革ができると思っていたので、仕事を整理して、月のうちの2日以外は日大に顔を出そうと決意を固めていたのです。

　林さんは、誰に対してもフランクで、人と仲良くなるのもうまい。そういう意味では、とても人間的に開けた方だしリスペクトしていました。だから、林さんが理事長になれば、その幅広い人脈を生かして、外部から強力な応援団を連れてくることができるだろうという期待感もありました。事実、法人顧問に、元オリックス株式会社代表取締役社長の宮内義彦氏を呼んできた。この人事は素晴らしいものだったと思っています。

言ってみれば、私もそういう流れの中で声をかけてもらったのだと思っていました。林さんの人脈をもってすれば、誰もが知るような有名人や素晴らしい経歴を持った方は大勢いたと思います。理事という形では自由に採用できないので、外部に改革委員会とか、その諮問《しもん》委員会などを立ち上げれば、傷ついた日大のイメージを変えることができると、私はずっと信じていました。

アメフト問題に対する第三者委員会の報告書でも、もう少し外部の声を聞くようにとありましたし、第三者委員会答申検討会議（議長は久保利英明弁護士）では、「日大村」という皮肉たっぷりの呼び方で、内部で固まる日大の体質について批判されていました。

にもかかわらず、外部の執行役員の代表だと私自身は自負していたのですが、その私の後任となったのは、真逆の立ち位置である日大のプロパーの職員でした。

後述するように、医学部でも他大学出身者が続けて更迭《こうてつ》されています。何らかの委員会をつくってでも、もっと外部の声を聞くべきだし、そういう人にある程度権限を持たせたほうがいいと思います。

また、一定数にかぎれば、教授や学部長も他からスカウトできるシステムなどを作るべきだとも思います。経営が教学に口を出すなと言われても、改革のためには言わなければならないこと、言うべきことはあるはずです。

しかし、私が辞めてからも、たとえどのような形でも意見を聞かれたことはありません。

もう日大とは縁を切るしかない

さて、ここまで読まれた読者の諸兄は、「それで、和田の給料は一体いくら日大から支払われていたのか?」と気になるところでしょう。はっきりと書いておきましょう。林体制になってからの役員報酬は、田中時代の不祥事で4割減額されており、常務理事である私は月額160万円、理事長の林さんが月額200万円ということでした。この金額は、林さんにしてみれば、講演会2本分程度でしょうから、お金目当てで引き受けたということではなかったと思います。

しかし私にとっての月額160万円は十分に大きな金額です。ただ、常務理事を引き受ける少し前(2022年3月)に発売された『80歳の壁』(幻冬舎)という新書が売れたので、ちょうど講演料を80万円に引き上げたところでした。それでも講演依頼は引きも切らない状態で、ベストセラーに伴い、人生の最大瞬間風速のような経験をしていました。それを日大の常務理事を引き受けたことによって、ほぼほぼ断っていたわけです。いや、何もこんな恨みがましいことを言うつもりはありませんでした。けれども、林さんのおっしゃることがあまりにも変わってしまったので、常に「なぜ」「どうして」という気持ちが大きかったのです。

「学部長たちがうるさくて」というのは、私を辞めさせる方便だったのでしょうか。いいえ、私は嘘ではなかったと思っています。あの話しぶりは、学部長たちから圧力をかけられたと暴露しているようなものでしたから。学部長たちに強く責め立てられ、このままではご自身の立場が悪くなると思い、慌ててあのようなメールを送ってきたのではないでしょうか。

もちろん、勤務日数も含め、私に不満があったのかもしれません。それならば尚の事、長年の付き合いがあるのだから、面と向かってはっきりと言ってほしかった。いきなり、クビはないだろうというのが正直な気持ちです。

林さんが理事長になり、日大には改善の余地があると期待していたからこそ、仕事をセーブしてでも常務理事を引き受けたのです。ですが、ここまでされてしまってはもう日大とは縁を切るしかない――「さらば日大」ということになりますね。

申し訳ないけれど、ここまでされて黙っているほど私はお人好しではいられませんでした。あのメールを見るまでは、常務理事を辞めてもプライベートでは、これからも林さんとは付き合っていけると思っていましたが、それももう難しいのかもしれません。

第五章　未来へ

——日大を辞めた今だから、言えること

日大は、早稲田大学や慶應義塾大学などと同様に、もともとは総長制（慶応は塾長）の大学でしたが、戦後まもなく理事長職を創設（この時点では総長と並立の形でした）、さらに2013年には総長制が廃止され、学長制へと移行されています。そして、多くの私学がそうであるように「経営」と「教学」を切り離し、経営面のトップを「理事長」が、教育・研究面のトップを「学長」が務める体制へと変わっています。

林理事長は無能ではない！

故・田中元理事長（就任期間：2008年9月～2021年12月）は、13年間という長きにわたって理事長職に就いており、いつしか経営のトップとしてだけでなく、教学にも口を出すなど、相当な力を振りかざして君臨していたと思われます。絶大なる権力を手に、我が世の春を謳歌していたであろう彼が、2021年に所得税法違反で逮捕されて日大を去ることになった。この時、日大は田中元理事長との「永久決別」をきっぱりと宣言しています。実際、2024年1月に亡くなった時にはコメントすら出しませんでした。

脱税という金銭問題で失脚した田中氏のキャリアは、１９６８年、日大の経済学部在学中に起きた学生紛争から始まっています。奇しくも、学生紛争のきっかけは、国税庁の調査によって発覚した「20億円の使途不明金」という巨額の金銭問題でした。

この時、田中氏は日大経済学部の4年生で、日大相撲部で学生横綱にもなった体躯を買われ、他の体育会系の学生たちとともに総長を守るボディガードとして活躍。学生でありながら、大学側の〝全共闘潰し〟に使われていたのです。卒業後はそのまま大学の職員となり、相撲部の監督として日大相撲部の黄金時代を築いていくことになります。徐々に学内での信頼を獲得し、理事、「校友会」という日大のＯＢ・ＯＧが会員となって運営している同窓会組織の事務局長、常務理事、校友会会長、そしてついには理事長にまで上り詰めていったのです。

日大は、「スポーツの日大」を名乗るだけあって、相撲部の黄金時代を築いた田中氏やアメフト部の黄金時代を築いた篠竹氏は英雄的存在であり、田中氏を日大のトップに据えようという動きは、「校友会」が強力にバックアップしたことで実現したといわれています。

ところが、というか、やはり、というか、理事長になった田中氏はけっこうな独裁者だった。気に入らないと地方へ飛ばすなど露骨な人事を行なっていたと言われています。その上、「スポーツの日大」をより強固なものにしようと、全国からスポーツエリートをスカウトして奨学金をつけるなど、本来は教学マターであった学生のセレクションにまで介入していったのです。

2016年には、日本では初めてとなる文系の「危機管理学部」の創設を主導。警察官僚出身の元衆院議員・亀井静香氏のアドバイスを受けて創設に踏み切っていることから、警察OBの天下り先と見られても仕方のない状況でした。実際、「誰それを教授にするように」など、本来は口を出せないはずの教授の人事にまで口を出してきたこともあったようです。危機管理部をつくり、警察と太いパイプを持ちたいという意図も見え隠れします。

こうした田中時代の独裁体制を二度とくり返さないために、林さんが理事長に就任し、酒井氏が学長となったときに、改めて「経営のことは理事長に、教学のことは学長に」と、きっちりと分けて管理することを確認したのでしょう。

　ところが、常務理事となった私が、大赤字の付属病院の経営だけでなく、もう少し外部の優秀な人材を登用すべきだと人事のことにまで意見したものだから、酒井学長としてはおもしろくなかったのでしょう。「経営が、教学に口を出すな」というわけです。日大の改革が進まないのは、「林さんが経営者として無能だから」といった言われ方をすることが多々ありますが、こうした状況を鑑みれば、必ずしもそうではないことがおわかりいただけるのではないでしょうか。

　教学にかかわる部分でどんな問題があろうとも、経営側は一切の口を出せないことになっているわけですから、「林さんが無能だから」という言い分にはミソジニー（女性嫌悪）的な匂いを感じざるを得ません。

医学部を改革するアイディアは無視され続けた

また、田中元理事長の逮捕につながった、日大医学部付属板橋病院の建て替え工事をめぐる背任事件では、井ノ口忠男理事（当時）も逮捕されています。医学部の組織でリベートや裏金問題などの不祥事が特に多かったのには〝構造的な欠陥〟があったものと思っています。

たとえば、教授の人数で比べてみます。理工学部の約150人（令和5年5月時点）に対し、医学部は50人弱（令和5年5月時点）しかいません。これは旧来型の医学部の典型的な考え方で、大名行列の先頭を担う教授の数は少ないほうがよいとする傾向の名残でしょう。最近は東大でさえ、このような風潮は改革されつつあるというのに。実際には、教授の人数を増やしたほうが患者にとってはもちろん、腕のいい医師をスカウトする際にも有効なことがわかっています。

私は、国際医療福祉大学の高木邦格《たかぎくにのり》理事長に誘われ、2004年に同大学の教授となり、学生たちへの講義や指導を担当してきました。はじめは医療ジャーナリズムを教えていたのですが、臨床心理専攻の大学院が新設されてからは、そちらでの講義などを中心にいろいろな面で深くかかわってきました。

国際医療福祉大学・大学院が、経営的にどの程度優れていたかはわかりませんが、高木理事長が強いリーダーシップを発揮して、意思決定から実行までスピーディに進めていたのは確かです。新しい学部の新設もうまくいっていましたし、多くの名医を高木理事長自ら引き抜いていたことも功を奏していたのでしょう。附属病院の収益も軒並み上がっていたと聞いています。

私は、国際医療福祉大学で見てきたこと、経験したことを、日大病院や日大医学部付属板橋病院でやりたかったのです。前述したように、第三者委員会の調査報告書の中でも、改革を進めていくためには、学内の者だけでものごとを進めてきた体制を変え、学外の者の意見が反映されるようにしていくことが重要と記されていました。

しかし現在、日大医学部の木下学部長はこの提言とは真逆の独裁体制を進めています。日大病院の院長として、日本医大出身の天野康雄氏を更迭し、留学以外で日大の外に出たことのない松本直也氏を据えると、付属板橋病院の院長には、群馬大出身の高橋悟《たかはしさとる》氏を更迭し、高校から日大という吉野篤緒《よしのあつお》氏を据えたのです。これでまた日大の内向き化がさらに進むのではないかと心配です。

私は、自分が常務理事であるうちに、その肩書を利用して外部の優秀な人材を取り入れていけるようにしていきたかったのです。

国際医療福祉大学の他にも、教授の数を増やすことで、付属の病院が黒字を出している大学はあります。順天堂大学です。同大学の医学部には214人（令和5年5月時点）の教授がいます。ダントツの売り上げで大きな黒字を出していますし、経営はかなりうまくいっていると言えるでしょう。患者さんの高齢化を見据え、順天堂大学医学部附属 順天堂東京江東高齢者医療センターという施設も設立しています（これも私が日大でやりたかったことです）。医療経営の見本とすべき大学です。

このように具体的な話を例として挙げながら、教授の数を増やしたほうがよいと進言したのですが、ここでも酒井学長は話を聞いてくれませんでした。林さんも、私に声をかけた時点では、ここまで経営サイドが教学に対して口を挟めない大学だとは思っていなかったのではないでしょうか。

経営がうまくいっている順天堂大学にも、国際医療福祉大学にも知り合いの教授はいますし、経営モデルとしてある程度うまくいく方法は知っているつもりだったので、もう少し私に任せてもらえたら、日大の病院も黒字にもっていく道筋はつけられたと思っているだけに、残念です。

コロナの補助金は有効に使われたか？

日大の理事として、ぜひとも成し遂げたかった日大医学部の改革は、まだあります。在任中に進言したことも含め、記しておこうと思います。

理事となって指名されたのが、病院の建築委員会の委員長でした。しかし委員長とは名ばかりで、ほとんど口を挟むことは許されず、非常に無念ではありましたが、病院の建築費用として約１０００億円と、医学部の新校舎の建築費用として約１８０億円の支出を認めることとなってしまいました。耐震補強の問題があって、潰しながら新しいものへと建て替えるためには必要な費用であるという意見に押し切られる形となってしまいました。

ところが、私がハンコを押したあとで、補強費用としてさらに80数億円と、建て替え期間中に売り上げが減る分の補塡として380億円が必要だと言ってきたのです。あまりにも図々しい要求だったので、売上の減収分については経営努力で埋めるべきとして、一度は突き返したのですが、最終的にはこれも押し切られてしまいました。

これがどういうことかというと、医学部全体で約1500億円もの予算が注ぎ込まれる一方で、本部から他学部に回すお金がほとんどなくなる計算です。つまり、他学部から校舎の建て替えをしたい、人員を補強したい、トイレの改築をしたいなどの要望があっても各学部でお金をプールしてもらうしかなく、本部ではそれらの要望に答えられなくなっているわけです。

これはさすがに不均衡だし、医学部だけにお金が集中しているのはよくないのではと異議を唱えたものの、それすらも取り合ってもらえませんでした。医学部は、もはや日大の中の「頑強な抵抗勢力」となっていたのです。

医学部の財政状況はというと、2023年度まではコロナの補助金があったので、日大医学部付属板橋病院はかろうじて黒字を保っていたものの、日大病院はそれでも赤字が続いていました。

コロナの補助金は、厚労省は、「病床確保料」という名目で２０２０年度から２０２２度までの3年間で、全国の医療機関に対して計4兆８０００億円あまりを支払っています。いわば政府のばら撒き政策でしたから、コロナ患者を受け入れることと引き換えにほとんどの大学医学部の附属病院が黒字になっていました。一方で、病院経営そのものは、光熱費を始めとする物価高騰などの影響で赤字が増えているのも事実です。２０２４年度以降、コロナの補助金がなくなれば、さらに多くの病院が大幅な赤字を抱えることになってしまうのではないでしょうか。日大の２つの病院も例外ではありません。

そんな状況下にあって、板橋区に今の医学部付属板橋病院を建て替えて新しい病院を建てることに約１０００億円（予算規模でいくと１５００億円）が認められたわけですから、これは有意義に使われるべきです。

では、貴重な１０００億円をかけてどういう病院をつくろうとしているのでしょう

――掲げられていたのは、①地域医療の充実、②救急医療、③最新の医療器械を揃える、というものでした。一見、何の問題もないように思うかもしれませんが、「板橋区」という地域性を考えると、このアイディアからは、「先進性のない旧来型の附属病院」をつくろうとしているとしか感じられませんでした。

板橋区は、区内に高島平《たかしまだいら》団地などの大規模団地があり、お隣の練馬区にある光が丘団地も医療圏です。高島平団地は建設から50年が経っており、「シニアの楽園」といわれるほど住民の高齢化率は高くなっているのが実情です。こうした地域の状況を踏まえれば、「最新（最先端）の医療」よりも、むしろ高齢者医療やリハビリ対応を充実させた病院のほうが、需要があるのではないでしょうか。それでは採算性が悪いというのなら、大学病院なのに訪問診療を充実させるというやり方もあります。

また、専門分化型医療ではなく、高齢者を診る総合診療を充実させるといったことや、認知症診療を充実させるなど、新しい考え方を取り入れていくことが他の医科大学にはない特色となり、強みにもなると考えていました。そのためには、行政との連携もうまく図っていくべきとも思っていました。

また、実質的に日大医学部から人を出し、準附属病院となっている高島平の駅前にある医師会病院との連携を強化して、そちらを順天堂東京江東高齢者医療センターのような立ち位置にするということも可能でしょう。

高齢者医療などと言うと何を今さらと思うかもしれませんが、他の医科大学がやっていない新しいテーマを設定すれば、研修医や学生は必ず集まります。順天堂大学はそういう点でも先進性があるのです。この大学は、総合診療も充実していますし、教授の数を増やして、教授外来をやるといったことでも収益を上げています。

経営面から見ても未来へとつながる改革案だと思っていたのですが、残念ながら、こうした建設的な話にはまったく興味をもってもらえませんでした。総合医療の名医を呼ぶことなども考えていたのですが、現実には、人事を提言できる立場になかったというのが、当時の私の置かれている状況でした。

コミュ障の人間はいらない!?

医大は、私立か、国公立かのほかに、新設と旧設とに分けられているのをご存じでしょうか。1970年以降に設置された大学を「新設医大」としているのですが、通称〝バカ大学〟とも呼ばれ、それより以前からある「旧設医大」とは偏差値のレベルが違うとされています。

日大医学部は、1925(大正14)年に日本大学専門部医学科として東京神田の駿河台《するがだい》に開設されました。慈恵医大、順天堂大などと同じく旧設ですが、2023年度の国家試験の合格率は旧設・新設すべて合わせて、下から2番目という無残なものでした。もはやなんの経営努力も、自助努力もしてこなかったとしか思えない、さんざんな結果と言わざるを得ません。翌年は多少持ち直しましたが、それで満足できるというものではありません。

しかも、日大では助成金の全額不交付が続いており、経営が厳しい状態にあるにもかかわらず、いまだに公用車を返上していない学部があるのですが、そのひとつが医学部です。今すぐにも抜本的な改革が必要であることは誰の目にも明らかでした。
医学部でできる改革として、多少の荒療治も必要と考えた私は、

①学費を下げること
②入試で面接をやめること

この2つを提案しました。
①については、実はすでに、授業料を下げることで昭和大や順天堂大は大幅に志願者を増やし、偏差値を上げることができているという実績があります。また、②については、2018年に東大が医学部入試に面接を復活させたことで、現在、入試面接をやっていない医学部はひとつもなく、頭はいいがコミュニケーションスキルなどに問題のある受験生が日大に殺到する可能性があると考え提案しました。ところが、どちらの案も、「無理だ」のひと言でまったく取り合ってもらえませんでした。

障害者を合格させる気はあるのか？

私が、あえて面接をやめるべきと言っているのには、別の理由もあります。日大では、障害者をなるべく合格させないために面接を行なっているのではないか？　と疑っているからです。

まずひとつには、医学部の校舎にエレベーターが設置されていないことが挙げられます。つまり、車椅子の人を入学させる気がないということではありませんか。それとも、学生たちの互いに助け合う精神に期待して、彼らが協力して2階、3階の教室まで運べばよいとでもいうのでしょうか――そんな話は聞いたことがありません。

確かに、エレベーターのない校舎は、本館（昭和12年落成）をはじめ、建設時期はどれもかなり古いものです。当時、エレベーターを設置できなかったとしても、これまでにバリアフリーの追加工事を行う機会はいくらでもあったはずです。そうしたリノベーションを重ねている建造物はいくらでもあります。でも、現在まで造ってこなかったわけです。

今回、新校舎にそれを造るというのなら、面接もなくして、「障害者もウェルカム」という姿勢を示すことがイメージアップにつながると考えたのです。実は、指が足りないという理由で落とされた学生もいるといった話が真実味をもって囁《ささや》かれてもいます。実際、医学部のキャンパスで車いすの学生を見かけることはほぼありません。

さらに言えば、面接を重視するということは、こうした身体的な障害だけでなく、医者になるような人はコミュニケーションをうまくとれなくてはダメだと考えているのではないかとも思ったのです。

一見正論に聞こえるかもしれません。しかし、医学部を目指す学生には発達障害の気質を持っている人が少なくない。私自身、自閉スペクトラム症（自分の関心、やり方、ペースが絶対で、人と臨機応変に交われない）や、コミュ障（一方的にしゃべり続ける、人の目を見て話せない、人とのやり取りを苦痛に感じる）の典型のような子どもでした。

しかし、医者になってから心理学を学ぶことで相手の立場になって考えられるようになり、精神科の医師となったおかげで、患者さんと向き合い、適切なコミュニケーションをとることも問題なくできています。

つまり、入試面接で受験生をはねてしまうのではなく、医学部在学中のコミュニケーション教育を充実させることで、高いコミュニケーション力を身につけていくことは十分に期待できるのです。

もちろん、大前提として「その機能の障害により、その業務を適切に行うことができない者」には、国家資格である医師免許は与えられません。これは医師法によって定められています。逆に言えば、仮に障害があっても、「業務を適切に行うことができる」のであれば、その免許は与えられるべきなのです。

たとえば、コミュニケーションをとることが苦手な人の場合、患者さんと対峙することが必要な臨床の現場では活躍できなくても、研究者として大成する可能性はあります。

実際、ケンブリッジ大学の発達精神病理学科教授であるサイモン・バロン＝コーエン博士によると、自閉症スペクトラムの人は共感脳が劣る代わりにシステム化脳（物事を規則的に構築しようとする）に優れていることが多いので、すごい研究者になるポテンシャルがある人が多く、また過度の集中力があるため手術の達人になることも多いと分析しています。

そういう可能性を秘めた人たちを入試面接で「落とす」のは極めてもったいない話です。よその医学部が面接をやって「落とす」というのなら、それを日大が「拾う」ことで、将来の日大の明るい未来が見えてくるはずです。ちなみに、スティーブ・ジョブズやイーロン・マスクなどの天才起業家の多くが、この障害をもっていたのではないかとも言われています。

ただ、林さんは、面接廃止については反対の立場でした。しかも、「コミュ力のない医者には診てもらいたくない」と、はっきりとおっしゃった。この時は思わず、「わかりました。林さんは、手術は下手でも、失敗したあとの説明がうまい医者を集めたいということですね」と、強い口調で言い返してしまいました。

基本的なことですが、すべての人に等しく教育を受ける権利があります。入試での面接についての問題提起は、単なる受験の問題ではなく人権の問題でもあると思っています。

本気で女子学生を増やす予定はあるのか？

さてもうひとつ、ずっと気になっていたこと、変えたいと思っていたことについても記しておきます。

前提として、日大には現在、女子学生の志望者の多い看護学科や栄養学科がありません。看護師や栄養士になりたい学生は、大学ではなく、医学部付属の看護専門学校や、短大（日本大学短期大学部）の食物栄養学科などで学ぶことになります。このことからも、日大が、いかに医師至上主義的で古いタイプの学校であるかがわかります。

私は、もともと医師以外の医療従事者（看護師、薬剤師、理学療法士、作業療法士、管理栄養士など）を表す言葉として、医師の補助をする人という意味の「パラメディカル」よりも、医師と対等な関係で協力し合うという意味を持つ「コメディカル」という表現のほうが、あとからつくられた和製英語ではありますが、望むべきものだと思っています。そしてこれは、私の前任の国際医療福祉大学の考え方そのものでした。同大学付属の三田病院はコメディカルが優秀であるからこそ、医学部付属病院でないにもかかわらず（教授の肩書を与えることもあって）優秀な医者が集まっているのでしょう。

医師を目指す学生も、医療従事者を目指す学生も、同じように大学で学べるようにしていくべきです。そのためにも、医学部のほかに「医療学部」をつくり、看護学科、栄養学科、作業療法学科、理学療法学科など、医師以外の医療に従事する専門職の学科をずらっと揃えたかったのです。ちなみに、歯学部に付属する歯科衛生師の学校も、その医療学部の中に歯科衛生学科や歯科技工学科などとして組み込みたいと思っていました。

中でも、栄養学科を目玉にしたいというのが、私の考えでした。高齢になればなるほど栄養状態をよくしていかないといけないというのがトレンドですから、高齢患者のＱＯＬを上げる栄養学を専門に学べる科を大学の中につくりたかったのです。実現すれば、日大の附属病院で、病気の治療から栄養改善（これは老化予防につながります）、そしてリハビリまで一貫して行なうことができるようになるわけです。歯学部や薬学部はすでにあるので、これは必ずや強みになると思っていました。

実際、都心にある高級リハビリ専門病院は軒並み儲かっていることからも、お茶の水の日本大学病院でリハビリをやれば、経営面でもプラスにしていくことができると確信していました。

また、日大では、文理学部で臨床心理士を養成しています。精神療法が専門の医師を引き抜いてくることができれば、心の医療の専門病院をつくることも可能になると考えていました。

つまり、お茶の水の日本大学病院に「高級リハビリ専門病院」の機能をもたせ、また大手町で働く、高収入だがストレスの多い金融系などのエグゼクティブの人たちのために文理学部とも協力して「心の医療センター」をつくりたかったのです。

――腹が立つのは、こうして具体的なアイディアをいくつも提案できるのに、少しでも何か言おうとすると、「経営が教学に口を出すな」の一点張りで、まったく聞く耳を持ってくれなかったことです。

大学に医療系の学科を充実させるということは、付属校に通う女子学生たちの選択肢を増やすことにもつながるはず。日大の女子学生比率は16学部全体で約32％。全国平均では約45％ですからかなり低い。実際、付属校の校長先生たちと話すと、女子学生が行きたがる学部が少ないという話をされることが実に多かったのです。これは、林さんが改革によって実現したいと言っていた「学生の女子比率を上げる」という命題に対する最善の答えにもなると確信していました。

女子学生の比率を上げることが大学の人気につながることは、関東では明治大学、関西では立命館大学で証明済みです。また、田中優子さんを総長（第19代・2014年4月～2021年3月）にした法政大学でも成功したということで、林さんが理事長になり、女子学生比率を上げたいと考えるのは当然のことだったと思っています。

林理事長の苦悩もわかる

林さんが理事長に就任したのは、2022年7月。アメフト部の違法薬物問題は、その年の11月にはすでに発覚していたことになります。ただし、その時点では、私にはもちろん、林理事長の耳にもまったく知らされていなかった。林さんのもとに情報が持ち込まれたのは、翌年の7月になってからでした。このあたりの詳しい経緯についてはすでにお話していますので、ここでは割愛します。

つまり、澤田副学長や酒井学長にしてみれば、林さんは「その程度の人」だったわけです。「教学と経営の分離」を理由に、私も林さんも完全に蚊帳《かや》の外に置かれていたのです。さらに質《たち》の悪いことに、彼らはギリギリまで内々に処理しようとしていたともとれる行動に出ていました。この隠蔽体質こそが、田中時代から踏襲《とうしゅう》されてきた日大のやり方だったのではないかと、第三者委員会からも厳しく批判されていました。

さらに言えば、危機管理に際しての広報のあり方についてもまったく機能していなかったことが明らかとなっています。報告書の中でくり返し指摘されていましたが、不都合な情報には目をつぶり、起きている事実を矮小化し、自分に都合よく解釈して、自己保身や責任逃れから正当化しようとする姿勢はあまりにもひどいものでした。通常、不祥事が発覚した場合には、徹底的に調査し、新たにわかったことがあれば、その都度発表するものです。それだけでも世間の信用は変わります。

ところが、日大の広報はとにかく発表が遅かった。聞けば、マスコミに発表するよりも文科省への報告が先だと言うわけです。仮にそうだとして、文科省への報告などメールで送れば済む話だと思っていたのですが、２０２１年に田中元理事長が逮捕された事件を受けて、ガバナンス不全を理由に補助金（私学助成）が打ち切られていたこともあり、適当には済ませられないと考えていたようでした。

ちなみに日大は、２０２０年度には、私大で2番目に多い約90億円の助成金を受け取っており、連続して補助金を受け取れないとなれば経営が厳しくなると考えてのことでもあったのでしょう。

しかし文科省への報告を優先したことで、結果的にマスコミへの発表は後手後手となり、かえって炎上につながっていたと思っています。

いい加減な情報が、裏付を取らないマスコミによって独り歩きし、そのせいで日大の評判は悪くなる一方でした。その一方で、私などは取材に応じることを禁じられていたので、何も動くことができませんでした。林さんもマスコミにはコネがあるので、もっと日大の立場を公表することができたはずです。

そして、今回の問題で、競技スポーツ部の人たちは責任を取らされましたが、広報

（担当の常務理事も含めて）はおとがめなしです。

一方で、文科省の対応や判断も褒められたものではありませんでした。翌週には第三者委員会の報告書が出るとわかっていたにもかかわらず、その前の週に補助金の打ち切りを決めたわけですから。つまり、国の補助金の配分を決める日本私立学校振興・共済事業団は、第三者委員会からの正式な報告書をもとに補助金の打ち切りを決定したのではなく、マスコミ報道や世間の反応をもとに判断したことになります。

プロセスを軽視した決定であり、国の機関のやることとしていかがなものかと思いましたが、当時はマスコミ報道が過熱していたこともあり、文科省はマスコミの顔色を必要以上にうかがっていたようにも感じました。国の税金からの補助金なのですから、裏付のないマスコミ取材でなく調査に基づいた内容で判定するべきです。そうしないのなら、税金をいい加減に使っていると言われても仕方ありません。

要は、マスコミの顔色をうかがっていた文科省も、その文科省の顔色をうかがっていた日大も、第三者委員会の言葉を借りれば、「危機管理の最大の目標は、目先のダメージ回避ではなく、最終的な信頼の回復である」ということをまったく理解していなかったのでしょう。

「日大村」と呼ばれ続けて

もちろん、当時のマスコミ報道が著しくバランスを欠いていたことも事実です。前にも触れましたが、同時期（2023年7月）に、東京農業大学のボクシング部所属の学生が、営利目的で乾燥大麻約60gを所持していたとして逮捕された事件が発覚。その後、さらに3名の部員が逮捕されていますが、メディアでの扱いは0・019gの大麻が発見された日大のほうがずっと大きく報道されていました。

また、日大ではラグビー部内でいじめがあったことも報じられました。逮捕された学生らは、田中時代にスポーツ推薦枠で入学しており、ラグビー選手として優秀だったというだけでフリーパスだったわけです。これは、「スポーツの日大」を実現するために、スポーツエリートを無条件に受け入れてきたことの弊害であり、いつかこういった事件が起こるだろうと言われてきたことでもあります。

ラグビー部でのいじめは、親の告発により発覚したものですが、当初は「ガスバーナーを持って追いかけた」と報道されていました。しかし実際には「制汗スプレーのガスに火をつけて体に近づけた」というものでした。

いじめの内容が違っていたのです。「ガスバーナー」と「制汗スプレー」では、事件の印象は変わってきます。もちろん、「制汗スプレー」だから「大したことない」などと言いたいわけではありません。これはフジテレビでしたが、私はニュースとして伝えるテレビ局が、親の言い分を鵜呑みにして、何の裏付も取らずに報道していたことを問題視しています。

昨今の「マスコミ報道」には問題があると、これまでも度々言ってきました。そのような姿勢が冤罪《えんざい》の温床にもなっていると思っています。

テレビの犯罪報道では、「捜査関係者によると」という形で警察側からの一方的な容疑者の言動が裏付けなしに報じられます。今回のアメフト事件でも裏付のない情報が「日大関係者によると」という形で流されました。前述のように、澤田副学長の弁護士が流したと思われる情報も独り歩きしました。

ただ今回、アメフト部の違法薬物事件に端を発し、日大の組織運営に対する批判が集中しているのは当然の流れでしょう。ガバナンスが機能していなかったこと、「日大村」と呼ばれる旧態依然の内向き体質が続いていたことは、厳しく追及されても仕方のないことだと承知しています。

とはいえ第三者委員会の報告を待たずに、文科省が補助金の打ち切りを決めたことについては、さすがに筋が通っていないと思うのです。補助金の打ち切りによって割を食うことになるのは、事件とも、理事会とも無関係な学生たちなのですから、文科省にはもっと丁寧に事実を見極めた上で判断を下してほしかったです。打ち切りが決定されても、我々も職員も給料は一円も引き下げられませんが、学生サービスはどうしても悪くなってしまうのですから。

男性だらけの、互いに足を引っ張り合うことしか考えていないような旧い価値観に染まりきった組織を、「自分ならきっと変えられる」と思って林さんは飛び込んでいったのだと思います。周りが期待するのと同じくらい、いや、それ以上に彼女自身が

「日大を改革する」ということに情熱をかけていたのではないでしょうか。しかし残念ながら、岩盤のように強固なマチズモ組織はびくともしなかった――。

今思えば、林さんは理事長として、日大という組織に馴染もうと必死に努力されていたと思います。16ある学部をまわって挨拶をしたり、親睦《しんぼく》会があれば積極的に顔を出したり。改革の根回しのためにやっているのだと思っていましたが、結果的に、旧田中派の学部長たちに取り込まれるためにやっていたようなものとなっていました。なんとも皮肉なことですよね。

その一方で、旧田中派の温床とされ、岩盤と言われた同窓会組織の「校友会」は、実質、幹部を全員辞任に持ちこみ、とてもすばらしい校友会長を迎えることができています。何があっても変わらないと思っていた組織が変わったのです。

さらば、日大。それでも心は……

「作家、林真理子」といえば、理事長となった今も多くの連載をかかえる売れっ子エッセイストであるというだけでなく、小説家として直木賞を始め各種文学賞の選考委員を務めるなど文学界に確固たる地位を築いています。交友関係も華やかですし、どこへ行っても「先生、先生」と称えられてきた人生だったのではないかと思っています。そんな彼女をもってしても、「日大の理事長」という職は失うにはあまりにも惜しい、魅力的なポジションなのでしょう。

実際、どんなにひどい目にあっても辞められないし、捨てられないのが名誉職というものです。私は自分の車で通勤していましたが、駐車場に着くとガードマンから担当秘書に連絡がいき、エレベーターを降りて部屋に向かうと、3人の秘書たちが直立不動で待っていて頭を下げてくるわけです。

私は、偉そうにするのも、偉そうにされるのも嫌いな人間なので、このような大仰な対応は決して居心地のよいものではありませんでしたから、すぐにやめてもらいましたが、たいていの方は気持ちよくなってしまうのではないでしょうか。

林さんも、理事長就任会見では「公用車は使わない」と言っていたのに、故・安倍晋三元首相の事件を大義名分にして、身の安全を守るためという理由でいまだに堂々と使っています。私との出会いの場でもある「エンジン01（ゼロワン）」の文化戦略会議にも、日大の公用車で来ていたこともありました。これは大学の仕事と無関係なはずです。そして、帰りの時まで秘書が待ち合わせのフロアで待っていましたから、そのまま秘書を連れて公用車で帰っていったのでしょう。

酒井学長ももちろん、公約を破棄して公用車を使っていましたが、新しく学長となられた大貫学長なら、彼が副学長の時には公用車を使っていませんでしたから、今もそのまま使っていないことを切に期待しています。

さて、こうなってくると、林さんが就任会見で掲げていた改革案の何もかもが、本当にやりたかったことなのか、それすらも信じられなくなってしまいます。改革のためにやりたいこともなければ、大事にしている理念もなかったのではないか――。まるで、岸田首相とそっくりです。

そして、日大の組織では重要な人事をＯＢ・ＯＧで固める傾向にあると、第三者委員会の調査報告書の中でもはっきりと批判されています。にもかかわらず、林さんがまず追い出したのが、日大にもっともかかわりのない私で、代わりに理事となったのは、長く日大の職員を務めてきた人物だったわけですから、まるで逆行しているわけです。

それでも私は、林さんが最初からこのような考え方をする人だったとは思っていません。ただ、変わろうとしない人たちが力を持つ組織で生き残るためには、自ら進んで彼らの価値観を内面化して振る舞うほうが得策だと、いつしかそう考えるようになっていったのではないかと思うのです。そういう意味では、林さんに同情もします。もう一度初心に戻って、闘ってほしいです。

そして、内部からの突き上げがあると正規の人事の手順を踏まず、辞表を強要する。田中元理事長はいろいろな内部のチクリをもとに、正規の手続きでない形で、相当恣意的な人事をやっていたようですが、これでは林さんのやっていることも大差ないように思えてなりません。

このままでは、いくら「一連の不祥事に関する大規模な調査委員会の設置」を掲げていても、中にいる人たち、とりわけ学部長たちは変わることを望んでいないわけですから、改革などまったく無理なことだと思っています。

アメリカの名門大学には「ディーン」という役職の人がいます。学校の人気を高め、教育の質を上げたり、附属病院の売り上げを増やしたりしてくれる優秀な教授、場合によっては学部長クラスを全米から引き抜いてくれるような人です。

私には、日本で有数の内向き大学である日大を変えるには、そのような大胆な改革が必要だと思えてなりません。

もちろん、日大の中にも改革を望んでいる方はいるかもしれません。しかし表立って意見できないような状況が続くかぎり、やはり改革なんて夢のまた夢、できっこないと確信しています。

本書を読んで、不本意な形でクビになった、日大の一元幹部職員の愚痴のように思う人もいるでしょう。ただ、内部にいないと知り得ないようなこと、そしてそこで感じた思いについて、嘘偽りなく（事実誤認はあるかもしれませんが）書いたものです。マスコミに出なかった情報として受け止めていただければ幸いです。

さらば日大、でも変わってほしい日大。
それが、今の日大への私の思いです。

【参考資料】日大事件簿

理事長：田中英壽

2013年

【ボート部員自殺問題】

2013年10月、日本大学ボート部の合宿所個室で3年生の男子学生が縊死しているのが発見された。男子学生は2段ベッドの柵にかけたロープで首を吊っており、発見したのは同部に所属する部員だった。同部は開催中の全日本新人選手権に出場予定だったが、出場取り消しを申し出た。

自殺した男子学生は全国高校総体のボート競技で優勝するなどの実績を上げ、日大に進学。4年生の引退に伴い、副主将に選ばれたばかりだった。親族によると約1年前に会った際、男子学生の両眉毛がなかったため理由を尋ねると「先輩に羽交い締めにされて、剃られた」と説明した。また「下級生全員で夜中まで部室の掃除をさせられる。寝る時間が少ない」と嘆くこともあったという。日大ボート部中溝勝彦監督（当時）は、部内でのトラブルについて「話は入っていない。厳しい指導もしていない」とし、「寡黙な努力家で下級生の人望が厚い。戦ってきた仲間なのでショックです」と話した。

理事長：田中英壽

一方、ある関係者は「自殺した学生はいじられキャラだった」と明かした。毎日新聞の取材に応じた親族の男性は、「（学生が亡くなる）前日に東京都内で一緒に昼食を食べたが後ろ向きな話は一切なく、未来の話しかしていなかった。なぜ翌日死んだのか。疑問に感じている。ボート部に殺されたと、私は思っている」と証言。遺族は大学側に詳しい調査をするよう申し入れ、これに応じる形で日本大学側は学外の弁護士3人による特別調査委員会を設置して11月中旬まで部員に聞き取り調査を行った。その後、同委員会は報告書を日本ボート協会に提出した。その調査結果は以下の通り。

〈からかったり、ちょっかいを出す「いじり」はあったが、許容される限度を超えて、精神的な負担を与える程度に至ったとみることはできない〉

自殺の原因については、〈全く不明としかいいようがない、大学に法的責任はない〉とし、「部員へのいじめはなかった」と結論づけた。

一連の報告を受けて男子学生の遺族は、「調査結果について遺憾に思う。今までボートを続けたいため、ずっと耐えてきた。通常のいじめ以上の何かがあったのではと解明を期待してきた」と、コメントしている。

2015年

【獣医学科アカハラ自殺問題】

2014年6月、生物資源科学部獣医学科「医動物学研究室」（野上貞雄教授）の男子大学院生が自ら命を絶った。その後、遺族や複数の大学関係者の証言により亡くなった院生が野上教授からアカデミック・ハラスメントを受けていたことが、明らかとなった。野上研究室では、3年前にも男子学部生が自殺していた。学部生の遺族も「野上氏のいじめが自殺の原因だ」と証言。遺族は「息子の自殺後、『野上氏を放っておくと第二、第三の犠牲者が出る』と学部側に何度も訴えた」と話した。しかし大学側は聞く耳を持たず、野上氏を処分するどころか学部の総合研究所長に栄進させた。事件が報道された後、教授会が数回開かれるも、本件について執行部は一切言及せず、「アカハラ自殺を認めると、野上氏だけでなく大学側の管理責任を問われるから執行部はダンマリを決め込むしかない」と大学関係者は語り、組織的に隠ぺいしたのではという疑惑とともに報道された。

理事長：田中英壽

2016年

【水泳部員自殺問題】

2016年7月、日本大学水泳部の1年生だった男子学生が目黒区内にある水泳部の学生寮と隣接するプールの女子更衣室で自ら命を絶った。男子学生は首に緑色のコードを巻きつけた姿で発見された。過去に5人の金メダリストを輩出した名門水泳部に警察当局の捜査が入る異例の事態となったが、その後も男子学生の死が公にされることはなかった。男子学生の死は部外秘とされ、水泳部部員は上野広治監督から口留めをされたとの報道も出た。男子学生については、いじめなどはなかったと日大は発表している。

2018年

【アメフト部悪質タックル事件】

2018年5月6日、東京都調布市のアミノバイタルフィールドで日本大学と関西学院大学によるアメリカンフットボールの定期戦が行われた。日大フェニックスと関学ファイターズは学生アメフト界における東西の横綱といわれており、当該試合もファンからとても注目されていた。

試合当日、日大のディフェンスエンド（以降選手A）が、無防備な状態だった関西学院大のクオーターバック（以降選手B）に背後から突き刺すような激しいタックルをした。このタックルにより、選手Bは負傷。審判はアンネセサリーラフネス（不必要な乱暴行為）と判定。しかしその場では大きな問題にならず、選手Aはその後もプレーを続けたが、その後も反則のタックルを続け、退場となった。

試合後、同アメフト部の内田正人監督（当時）はこの反則について「力がないから厳しくプレッシャーをかけている。待ちでなく攻めて戦わないと。選手も必死。あれぐらいやっていかないと勝てない。やらせている私の責任」と話し、SNS上で瞬く間に炎上した。

5月9日、関東学生アメリカンフットボール連盟理事会は怪我を負った関西学院大の選手Bに謝罪をした。選手Bに対するプレーについては、審判クルーが下した「アンネセサリーラフネス」を超えるものであり、公式規則第6章の「(無防備なプレーヤーへの)ひどいパーソナルファウル」に該当すると判断。そして選手Aに対して追加処分を決定するまで対外試合への出場を禁止し、日大指導者を厳重注意とする暫定措置を執ると共に、連盟理事会内に本件に関する規律委員会を設置することを決定した。

関西学院大側は、被害にあった選手Bに後遺症が出ていること。そして試合後の内田監督の反則行為を容認するかのような態度に対して、見解の説明と正式な謝罪を求めた。それを受けて日大は回答書を提出したが、「ラフプレーを認めて謝罪するが、指導者による指導と選手の受け取り方に乖離があったためで監督から指示はしていない、ただし試合後の監督のコメントについては反則行為を容認する発言と受け取られかねないため撤回し、詳細は5月24日までに改めて提出する」との内容であったため、5月17日、関西学院大は記者会見を開いてさらに抗議した。

ここで初めて内田監督は選手Bの両親へ直接謝罪に行き、「すべて私の責任です」と監督の辞意を表明。しかし選手Bの父親はこれに納得せず、傷害罪で内田監督、日大コーチ、選手Aの三名を告訴したものの、この告訴について選手Aに対しては寛大な処分を求める6348通の嘆願書が出されたため、父親は、内田前監督と前コーチの2名のみを告訴することに変更。同時に、嘆願書を警視庁に提出した。

5月22日、悪質タックルを行った張本人、選手Aが記者会見を開き、選手Bや関係者に謝罪。しかしその後、日大は、内田監督と井上コーチらが会見を開き、選手Aの主張内容を否定したことから、さらに炎上した。

【チアリーディング部パワハラ問題】

2018年8月、日大応援リーダー部（競技チアリーディング部）の女子部員が、女性監督からパワハラを受けていたとする声明を、代理人弁護士を通じて公表した。自殺を考えるほど精神的に追い詰められ、学内の保健体育審議会（アメフト部の内田正人監督が事務局長を務めていた）に助けを求めたが、対応を打ち切られたとしている。日大は同日付で同応援リーダー部の女性監督の解任を発表した。

報道されているパワハラの内容は次の通り。当該女子部員が出身高校のウエアを着用していたのを見た女性監督は「過去の栄光にすがりついている」「学校の恥だよ。今すぐ脱げ」と非難。また、「女子部員が大雪の日に大学の事務員に頼んで練習を中止にしようと画策した」と本人が身に覚えのないことを言い、咎めた。さらには怪我をしていた女子部員の症状も疑い、「ずる賢いバカは嫌い」と大会に強行出場させようとしたという。

その後、一連の女性監督の言動に影響され、他の部員複数も当該女子部員に対していじめを行っていたと家族が声明を出した。女子部員はいじめに対する恐怖心から部活に出られず、体調を崩して通学もできていないと訴えた。

【水泳部員暴力行為問題】

2018年9月、日本学生水泳選手権の公式練習の際に、日大水泳部の2年生部員Aが荷物番をしている最中に居眠りし、それに腹を立てた3年生部員Bが、馬乗りになるなどして殴る蹴るの暴行を加え、部員Aは全治2週間の怪我を負った。しかし、水泳部はこの暴力行為が発覚してから2週間公表をしなかった。発覚後、同水泳部の上野広治監督（当時）は都内で会見を開き、部員Aも納得のうえで、傷害事件にはせず、部内で解決することとしたと説明。同会見には部員Aの母親も同席し、「夫が息子に『二十歳なので自分で判断しなさい』と言うと、息子は『暴力があったのは事実だけど、傷害事件として扱わなくていい』と言いました」と監督の発言に同意した。

しかしこの会見を受け、関係者はこの事件に大きな違和感を与えた。それは2年前に起こった1年生部員Cの自殺問題である。部員Cが自殺した当日、部員Bからひどい言葉を投げかけられていたと明かすOBの声があったという。

理事長：田中英壽

【医学部不正入試問題】

2018年7月、文部科学省の局長が息子を東京医科大学に裏口入学させ、逮捕されたという事件が大きく報道された。この事件をきっかけに、読売新聞が独自に探った調査報道により、数多の大学の不正入試が明らかとなった。その後、厚生労働省が全国81大学を調査したところ、昭和大学、神戸大学、岩手医科大学、金沢医科大学、福岡大学、順天堂大学、北里大学、聖マリアンナ医科大学、日本大学の計10大学の医学部が不適切な得点調整を行っていたことが明らかとなった。

日本大学はこれを受けて、2019年9月に過去3年間で医学部卒業生の子ども12人を不当に優遇して追加合格させていたと発表、謝罪した。髙山忠利医学部長（当時）は、不適切な選抜方法であったことを認める一方で、「裏口入学ではないか」との記者からの質問に対し、「裏口入学の定義が定まっているかどうかはわからないが、私どもは誰も考えていない」と述べた。

【イベントサークル強盗事件】

２０１８年6月、複数の大学生が在籍するイベントサークル「ＴＬ」内で、日大に在籍する幹部学生2名が、東京都港区の路上で同サークルの元メンバーの首を絞め、カバンを強盗。警視庁はこの2名の学生を強盗容疑で逮捕した。「ＴＬ」では、毎月４人を入会させるというノルマがあり、達成できなければ12万円の罰金を支払う決まりがあった。退会する場合にも高額な退会費の支払いが命じられ、被害に遭った元部員はイベントサークルを退会したことから36万円の支払いを要求されていた。

2021年

【日本大学背任事件】

2021年10月7日、東京地検特捜部は日本大学の付属病院の建て替え工事をめぐり、日大の資金2億2千万円を外部に流出させて大学に損害を与えたとして、日大理事の井ノ口忠男容疑者と医療法人「錦秀会」（大阪市）の前理事長・籔本雅巳容疑者を背任容疑で逮捕。日大は2019年12月、医学部付属板橋病院（東京都板橋区）の建て替え工事の設計・監理業者を選ぶ「プロポーザル」（提案型の審査）業務を、「日本大学事業部」（井ノ口容疑者が取締役を務める完全子会社）に委託した。

日大は、2020年4月に24億4千万円で設計事務所と契約し、契約金の一部である約7億3千万円を同年7月に支払った。翌8月、このうちの2億2千万円が、籔本容疑者が全額出資した実体のないペーパー会社に「コンサルタント料」名目で送金されていた。この送金は、井ノ口容疑者の指示で実行された可能性が高いとされ、日大から委託された任務に背いて大学に不要な支出をさせ、損害を与えたとして逮捕に踏み切った。籔本容疑者については、井ノ口容疑者の犯行に加担した「身分なき共犯」にあたると判断した。また、2億2千万円が流出した直後の9月には、錦秀会の関連会社から井ノ口容疑者の知人側のコンサル会社に6600万円が送金されている。このうち3千万円は、知人側の別会社に移され、その知人はこのうち計2500万円を同年3月と6月に井ノ口容疑者に手渡したと証言。特捜部は9月8~9日に日大本部、日大事業部、田中氏の自宅や理事長室、錦秀会の関連会社などを一斉捜索。籔本容疑者は9月17日付で理事長を辞任した。

【田中英壽理事長、所得税法違反容疑で逮捕】

先の、〈日大医学部附属板橋病院の建て替え工事を巡る背任事件〉をめぐり、井ノ口被告らから受け取ったリベートなどを税務申告せず約5300万円を脱税したとして、2021年11月、東京地検特捜部は所得税法違反容疑で田中英壽理事長を逮捕、起訴した。田中理事長は現金の授受自体を否定し、脱税容疑を否認したものの、同年12月理事長を辞任した。

2022年

【日大、田中元理事長有罪判決】

2022年3月、東京地裁は、「業者からの現金受領を隠蔽する目的で脱税に及んでおり、動機は身勝手で酌量すべき事情はない」として田中元理事長に懲役1年、執行猶予3年、罰金1300万円（求刑懲役1年、罰金1600万円）の有罪判決を言い渡した。田中元理事長は「争う気はありません」と起訴内容を認めたものの、取引業者との関係性や受け取った金の使い道などについて具体的に説明することはなかった。日大は田中元理事長と決別を宣言。これにより、国から日大への私学助成金は2021、2022年度とも不交付となった。

理事長：林真理子

2023年

【日大、元理事らに約11億1360万円の損害賠償を求める】

2023年3月、日大は一連の不祥事を受け、有罪判決の出た田中英壽元理事長や背任の罪で起訴されている井ノ口忠男元理事、関連する会社などに対して総額約11億1360万円の損害賠償を求める訴訟を東京地裁に起こした。訴訟記録によれば、田中元理事長側が「自白を強要された。（大学側が主張の根拠とする）供述調書は事実と異なる」として請求棄却を求めていたという。田中元理事長は、入院先の病院で2024年1月13日死去。享年77。

【アメフト部員薬物事件】

2023年8月、警視庁は東京都中野区の日大アメフト部の寮を大麻取締法違反容疑などで家宅捜索し、2日後に男子部員1人を逮捕した。この部員は覚醒剤を麻薬だと誤認して所持したとして麻薬取締法違反（所持）に問われ、執行猶予付きの有罪判決が確定した。他にも、違法薬物を購入したとする麻薬特例法違反容疑でアメフト部員2人が逮捕され、いずれも略式起訴となり罰金刑が確定。さらに違法薬物を所持したとする同法違反容疑で別の部員1人が書類送検され、不起訴処分となった。

日大は、1人目の部員が逮捕された当初、林理事長が、ひとりの学生の不祥事との認識を示した。しかし複数の逮捕者が出る事態になったうえ、8月下旬にあった学内会議で計11人の部員に大麻を使用した疑いがあると報告されていたことも明らかになった。寮への調査で大麻とみられる植物片が見つかったにもかかわらず警察への報告が12日後になったことなど、大学側の一連の対応を検証した第三者委員会は2023年10月に「大麻が拡散しているリスクに目をつぶった」と指摘する調査報告書を公表した。一連の事件で逮捕・書類送検された学生や卒業生は計11人。

これらの責任を問われ、澤田康広副学長が23年末で辞任。酒井健夫学長も年度末での辞任が決まっており、林理事長は減給50％（6カ月）とする処分を受けた。アメフト部は2024年1月に廃部手続きを終え、2月15日付で関東学生アメリカンフットボール連盟を退会。

２０２４年

【薬物事件対応めぐるパワハラ問題】

２０２４年１月、日本大学アメリカンフットボール部の違法薬物事件への対応をめぐってパワーハラスメントを受けたとして、澤田康広・前副学長が、林真理子理事長に１千万円の損害賠償を求めた訴訟の第１回口頭弁論が東京地裁（杜下弘記裁判長）で行われた。林理事長側は請求の棄却を求め、争う姿勢を示した。

訴状によると、２０２３年８月〜同年９月、澤田氏は「具体的な理由を告げられないまま、学内の主要な会議への出席を禁止され、林理事長に辞任を迫られた。さらに、アメフト部薬物事件対応の全責任が澤田氏にあるように印象操作をされ、弁明の機会を奪われた」と主張した。辞任を強要されたことや、職場内の人間関係から切り離されたことはパワハラに該当するなどと訴えている。

和田秀樹

和田秀樹の「親塾」全2冊

B5判変形並製　本体各1500円+税　120頁

★「親塾」のサイトはこちらから↑

勉強に自信をつける！編

勉強法を変えて成績が上がれば、子どもは自信をつけます。しかし多くの場合、塾や学校は勉強法を教えてくれず、子どもは非効率な自己流の勉強をします。そして勉強をやっているわりに成績が上がらずに、自己肯定感を失うのです。また、子どもの発達に合わない塾に行くことで自信を失い、勉強嫌いになってしまう子も少なくありません。これからは一生の勉強が必要とされる時代です。だからこそ、自信と勉強のやり方を子ども時代に身につけることが、とても大切だと思います——褒め方も叱り方もこの一冊に！

心とからだの問題解決！編

昔なら「落ち着きのない子」「変わった子」で済んでいたものが今では発達障害という診断を受けるようになりました。不登校も急増しています。ウチの子、よその子と違う!?　そんな不安が、家庭内で悪しき循環を生んでいるケースも多々あります。学校で何か問題があっても、慌てず、どう対応するかを親が知っていれば、子育ての不安から少し楽になれて子どもも安心——接し方次第で、我が子の成長は変化する！

写真／三浦憲治

和田秀樹（わだひでき）
1960年大阪府生まれ。精神科医。東京大学医学部卒業後、東京大学医学部附属病院精神神経科助手、米国カール・メニンガー精神医学校国際フェローを経て、現在、和田秀樹こころと体のクリニック院長、川崎幸病院精神科顧問、一橋大学経済学部非常勤講師、立命館大学生命科学部特任教授。

さらば日大！
私をクビにした日本最大の学校組織の闇

2024年7月8日　初版第一刷発行

著　者　和田秀樹

構成協力　千葉淳子
アドバイザー　原久仁子
編　集　小宮亜里　内田佑季
営　業　石川達也

発行者　小川洋一郎
発行所　株式会社ブックマン社
〒101-0065　千代田区西神田 3-3-5
TEL 03-3237-7777　FAX 03-5226-9599
https://www.bookman.co.jp

ISBN　978-4-89308-972-4
印刷・製本　図書印刷株式会社